黄河博物馆概览

AN OVERVIEW OF THE YELLOW RIVER MUSEUM

黄河博物馆　编

黄河水利出版社
·郑州·

编辑委员会

目 录

序

黄河博物馆成立于1955年4月，是我国最早建设的河流博物馆，隶属水利部黄河水利委员会（以下简称黄委），历经65年风雨，它从最初单一的展览功能发展到现在集文物典藏、科学保护、陈列研究、社会教育于一体的现代博物馆，成为宣传黄河的重要窗口、社会了解黄河和治水历史的重要信息平台和保护传承弘扬黄河文化的重要基地，被誉为“黄河巨龙的缩影”。2019年9月17日，中共中央总书记、国家主席、中央军委主席习近平专程到黄河博物馆考察调研，了解黄河流域文明发展、水患灾害、黄河治理、生态保护等，围绕总书记前往参观考察这一重要活动，黄河博物馆严密组织、精心筹备，在前期准备、现场讲解及后续开展的一系列宣传活动中做出了大量卓有成效的工作，体现出应有的大局意识、强烈的政治责任感和严谨细致的工作作风，为推进新时代黄河治理保护事业做出了积极贡献，受到水利部和黄委的充分肯定，并获得黄委通令嘉奖。

黄委历任领导高度重视治黄宣传、黄河文化和博物馆建设。20世纪50年代，国家经济十分困难，《治理黄河展览》还在巡展的路上，黄委第一任主任王化云高瞻远瞩，决定在郑州筹地建设馆舍，1957年6月落成，成为水利系统最早建立的博物馆，也是郑州市颇具时代特色的标志性建筑之一。从1995年开始，黄河博物馆重建工作即列入黄委党组重要议程，黄委历任主任亢崇仁、綦连安、鄂竟平都对博物馆建设提出明确要求。新馆建设期间，黄委党组多次专题研究博物馆建设工作，时任主任李国英要求“全力把黄河博物馆打造成一项精品文化工程”，他到水利部工作后，还数次为博物馆转交新馆急需的展品。陈小江主任到黄委后积极协调博物馆陈列经费，他在新闻宣传出版中心调研时谈到博物馆工作时说：博物馆年均观众要达到 10 万人以上，要有这样的雄心壮志，通过这样一个窗口来介绍黄河、宣传黄河，传播黄河的声音，使人们加深了解对黄河的认识，进而支持黄河、关心黄河。以岳中明同志为书记的新一届黄委党组，高度重视博物馆文化事业，黄委领导多次亲临指导博物馆工作，解决博物馆实际困难。2016 年 6 月，黄委还在黄河博物馆挂牌成立了“黄河文化研究与交流中心”，为保护传承弘扬黄河文化，提供了更广阔的阵地。博物馆建设还得到国家和地方政府的大力支持，国务院总理、时任河南省委书记李克强，全国政协副主席、原文化部部长孙家正，故宫博物院院长、原国家文物局局长单霁翔，时任郑州市委书记李克，市长王文超等国家省市领导人都曾视察黄河博物馆建设工地，并给予指导。水利部原部长汪恕诚多次过问新馆建设情况并听取汇报，他还从现代治河、人与自然和谐相处的理念剖析黄河博物馆如何定位和主题展示。

建馆 65 年来，黄河博物馆始终坚持“宣传黄河，服务社会”的理念，把社会效益放在第一位。1955 年 7 月，为配合全国人大一届二次会议审议《治理黄河规划》，黄委在北京中南海怀仁堂举办“治理黄河展览”，向参会代表宣传黄河及治黄规划，毛泽东、刘少奇、朱德等党和国家领导人以及参加会议的人大代表都参观了展览。后按照中央办公厅的指示，“治理黄河展览”经调整充实，改由水利部、文化部联合主办，当年10月3日，在故宫东华门传心殿对社会展出，展期计划两个半月，由于观众参观踊跃，反响强烈，展览又延长两个半月的时间。展览随后又在天津、黄河流域省区巡回展出，所到之处，人如潮涌，盛况空前。从1955年10月3日至1957年5月20日，历时1年零8个月，接待观众129万人次，其中包括40多个国家的5000多名外宾，归国不久的著名科学家钱学森偕夫人也参观了展览，堪称治黄宣传史上的一次壮举，为促进治黄和我国水利事业的发展做出了重要贡献。20世纪七八十年代黄河博物馆也是黄河流域省区开放较早、接待人数最多的先进外事单位之一，年均接待外宾3000多人次。著名英籍华人作家韩素音女士曾三次到馆，每次参观她都兴致勃勃，赞不绝口。建馆以来，举办过几十个各类临时展览，接待国内外观众数百万人次，发挥了巨大的社会效益。

黄河博物馆取得过很多荣誉，1989年至2006年，在国家和水利部组织举办的“建国50周年成就展”“国际水利技术装备展览会”“中国水利博览会”等大展中，黄河博物馆作为黄河展区的主要设计单位、组织单位参加展览，多次获得“最佳设计奖”“最佳创意奖”和“优秀组织奖”。1991年以来，黄河博物馆先后被团中央和中国青联、水利部、教育部、河南省、郑州市等命名为“中国青年科技创新行动教育基地”“国家水情教育基地”“全国中小学生研学实践教育基地”“河南省直工委主题党日活动基地”“爱国主义教育基地”“大中小学生德育基地”“科普教育基地”“青少年社会实践基地”等20多个各类基地，参与组织了“黄河文明与中华民族伟大复兴”等系列活动，深入挖掘黄河文明的丰富内涵，探讨传承发展黄河文化，取得了丰硕成果。

习近平总书记在黄河流域生态保护和高质量发展座谈会上明确提出了“加强生态环境保护、保障黄河长治久安、推进水资源节约集约利用、推动黄河流域高质量发展、保护传承弘扬黄河文化”五个方面的目标任务，为新时代黄河治理保护指明了方向，也为今后黄河博物馆开展工作提供了根本遵循。希望黄河博物馆紧紧围绕习近平总书记讲话，承载“团结、务实、开拓、拼搏、奉献”的黄河精神，弘扬博大精深、辉煌灿烂的黄河文化，全方位、多视角地展示黄河流域的物质文明、精神文明、制度文明和生态文明。同时更加深入地挖掘黄河文化蕴含的时代价值，讲好“黄河故事”，为保护传承弘扬黄河文化做出更大的贡献，真正成为广大社会民众了解黄河自然地理、历史文化、水情河情，弘扬黄河优秀历史文化，传播水利科学知识，宣传人民治黄成就，开展生态保护教育，提高防汛抗灾意识，培植爱国主义精神的重要阵地。

是为序。

张松

二〇二〇年六月

一、概　述

馆史印记

领导关怀

馆史印记

治理黄河展览会组织的巡回展览

1955年4月17日，治理黄河展览会首次在郑州举办“治理黄河展览”，随后在北京、天津、西安、兰州、太原、济南等地巡展。

1955年6月，治理黄河展览会全体工作人员在郑州合影

1956年2月，治理黄河展览会全体工作人员在北京合影

治理黄河展览会在西安展出前制作展品

在陕西省博物馆展出

讲解“治理黄河展览”

西安 96 岁老人参观展览后留言

1956 年 7 月，治理黄河展览西安展出闭幕全体同志在碑林合影

在兰州布展

讲解员在兰州讲解“治理黄河展览”

兰州观众排队等待参观

黄河下游河道过水模型

1957 年 6 月，治理黄河展览会济南展览闭幕全体工作人员合影

治黄陈列馆（1957 年 6 月至 1972 年 5 月）

治黄陈列馆

黄河展览馆（1972 年 5 月至 1987 年 6 月）

黄河展览馆

黄河博物馆（1987 年 6 月至今）

黄河博物馆旧馆

黄河博物馆新馆建设

时任黄委主任李国英（左一）主持新馆方案审查会

时任水利部部长汪恕诚（左一）审查新馆设计方案

黄河博物馆新馆开工仪式

上海现代建筑集团有限公司总设计师、新馆建筑方案设计者邢同和先生（左四）在新馆建筑工地指导工作

黄委组织新馆工程建设答疑会

新馆建设施工

新馆外景（一）

新馆外景（二）

黄河博物馆新馆装修设计招标说明会

黄河博物馆新馆内装修暨陈列展览概念设计方案评审会

参加新馆陈列设计咨询会的专家参观黄河博物馆

黄委组织召开新馆陈列专家咨询会

新闻宣传出版中心组织召开新馆陈列大纲专家咨询会

黄委领导听取新馆陈列方案汇报

新馆布展（一）

新馆布展（二）

资源利用
Resources utilization
通过对老灌区进行了整修、改建，在黄河干流及沿岸修建了引（提）水工程和大中型灌区，黄河流域灌溉面积达1.1亿多亩，成为国家重要的粮棉生产基地；作为西北、华北地区的主要水源，黄河承担着约1.4亿人口、2.4亿亩耕地、50多座大中城市及沿黄地区能源基地的供水任务，还为天津、青岛、白洋淀、淄博等地应急供水；黄河干流已建、在建水电站近30座，装机总容量近2万兆瓦，居全国江河第二位。
黄河流域水资源开发利用与管理示意图

新馆布展（三）

时任黄委主任陈小江（右四）检查新馆布展工作

时任黄委副主任徐乘（右二）、时任黄河工会主席郭国顺（右一）检查新馆布展工作

时任黄委新闻宣传出版中心主任骆向新检查新馆布展工作

新馆开馆仪式

黄河博物馆开馆仪式
黄河博物館

河南省副省长刘满仓（左三）、水利部副部长胡四一（左五）、国家文物局政策法规司司长李耀申（左四）等嘉宾在时任黄委主任陈小江（右一）陪同下参观博物馆

河南省副省长刘满仓（左四）、水利部副部长胡四一（左五）等嘉宾在时任黄委主任陈小江（右三）陪同下参观博物馆

中国自然科学博物馆协会
CHINESE ASSOCIATION OF NATURAL SCIENCE MUSUEMS

贺信

黄河博物馆：

欣闻贵馆新馆竣工开馆，本协会谨向贵馆致以诚挚的祝贺！

黄河是中华民族的母亲河，孕育了光辉灿烂的黄河文明。黄河博物馆是我国唯一以黄河为专题陈列内容的自然科学类博物馆，是世界上最早成立的河流博物馆之一。建馆50多年来，为普及水利科学知识、弘扬黄河优秀历史文化，宣传人民治黄成就，教育引导社会民众树立生态环保和水旱灾害意识等发挥了其他教育媒体不可替代的作用。

黄河博物馆新馆隆重开馆，是水利行业博物馆事业发展史上一个重要里程碑，也是全国博物馆界的一大盛事。相信在水利部、黄河水利委员会领导下，黄河博物馆必将以新馆开放为契机，不断提高展陈水平，积极创新体制机制，为满足人民群众日益增长的精神文化需求，发展繁荣社会主义先进文化，做出新的更大贡献。

中国自然科学博物馆协会
2012年9月24日

贺信

黄河博物馆：

时值金秋，欣闻贵馆新馆落成，河南省博物馆学会特向贵馆表示最热烈的祝贺！

黄河博物馆作为世界上最早成立的江河博物馆之一，是我国唯一一座以黄河为专题内容的自然科技类博物馆。作为行业博物馆中的翘楚，黄河博物馆一直致力于历史文物、自然标本、书画音像图片等全方位藏品的收藏与管理，形成了具有黄河特色的藏品系列。此次新馆的落成，势必对弘扬中华民族优秀文化遗产、传播水利科学知识、宣传现代治黄成就做出更为卓越的贡献。

值此喜庆之际，我们衷心祝愿贵馆在今后的发展道路上再创佳绩，并诚挚的希望贵馆一如既往的支持学会的工作，为我省的文博事业做出新的贡献。

河南省博物馆学会 贺
2012年9月25日

贺信

黄河博物馆：

在贵馆新馆建成开放之际，河南博物院谨表热烈祝贺！

贵馆建馆50多年来，以丰富的历史文献和珍贵的文物标本，向全社会展示了博大精深、辉煌灿烂的黄河文明，为弘扬黄河历史文化，传播水利科学知识，宣传治黄成就，做出了积极的贡献，成为全国知名博物馆之一。新馆的建成开放，必将进一步促进我国黄河文明、治黄事业和文博事业的繁荣发展。

祝愿贵馆事业蒸蒸日上，取得新的更大的成绩！祝愿两馆友谊长存！

二〇一二年九月二十五日

地址：中国·河南省郑州市农业路8号 电话：0371-63511237 63511063 传真：0371-63850860
Http://www.chnmus.net 邮编：450002

领导关怀

1999 年 1 月，水利部部长汪恕诚（左四）在黄委主任鄂竟平（左三）陪同下参观黄河博物馆

2001 年 11 月 2 日，黄委主任李国英（中）在博物馆调研

2004 年 7 月 17 日，郑州市市长王文超（右二）视察黄河博物馆新馆馆址

2004 年 8 月 8 日，水利部规计司司长矫勇（右二）在博物馆新址听取汇报

2005 年 10 月 18 日，水利部部长汪恕诚（左四）在黄河博物馆参观

2007 年 5 月 16 日，国家文物局局长单霁翔（左二）、河南省文物局局长陈爱兰（左一）听取黄河博物馆新馆建设汇报

2007 年 5 月 16 日，国家文物局局长单霁翔（左五）、河南省文物局局长陈爱兰（右四）视察黄河博物馆新馆建设工作

2007 年 7 月 5 日，水利部副部长敬正书（左一）视察新馆建设工地

2009 年 6 月 2 日，黄委主任李国英（右四）在黄河博物馆新馆建设工地检查指导工作

2015 年 11 月，水利部部长陈雷（中）在黄委主任岳中明（左五）陪同下参观黄河博物馆

2016 年 1 月 20 日， 黄河水利委员会岳中明主任陪同中组部干部四局副局长吴钢运、水利部副部长田学斌及水利部考核组一行莅临指导工作

2016 年 1 月 20 日，黄委副主任赵勇陪同山东省副省长赵润田（右一）来馆参观

2018 年 6 月 7 日，河南省委书记王国生到馆参观

2018 年 6 月 15 日，水利部副部长陆桂华一行到馆参观

2019 年 9 月 16 日，水利部部长鄂竟平到馆参观指导

2019 年 9 月 18 日，文化旅游部部长雒树刚一行到馆参观

2019 年 9 月 25 日，共青团中央书记处书记、全国少工委主任傅振邦到馆参观

2019 年 10 月 12 日，全国政协常委、文化文史和学习委员会副主任、原战略支援部队政委刘福连上将一行到馆参观

领导题词

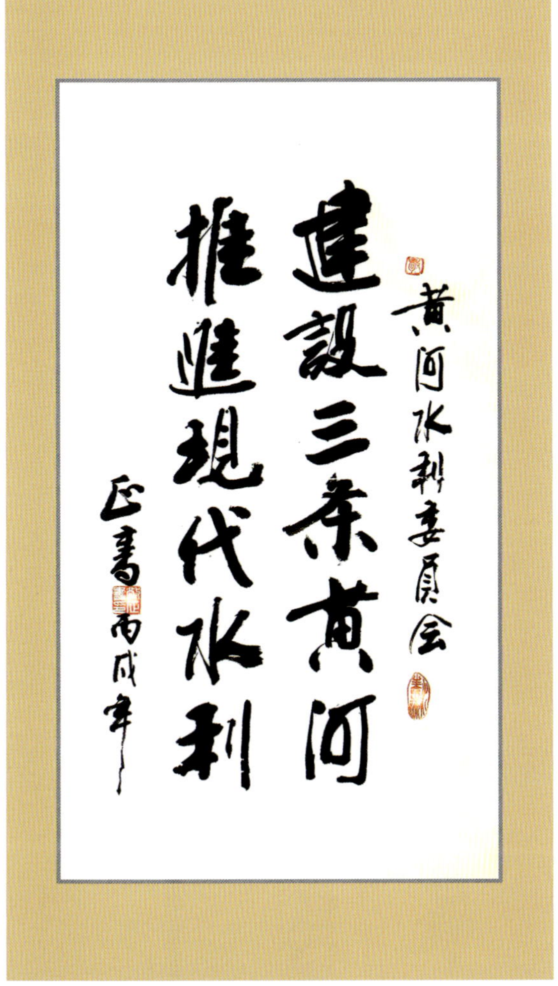

水利部原副部长敬正书题词

黄委原主任袁隆题词

黄委原主任綦连安题词

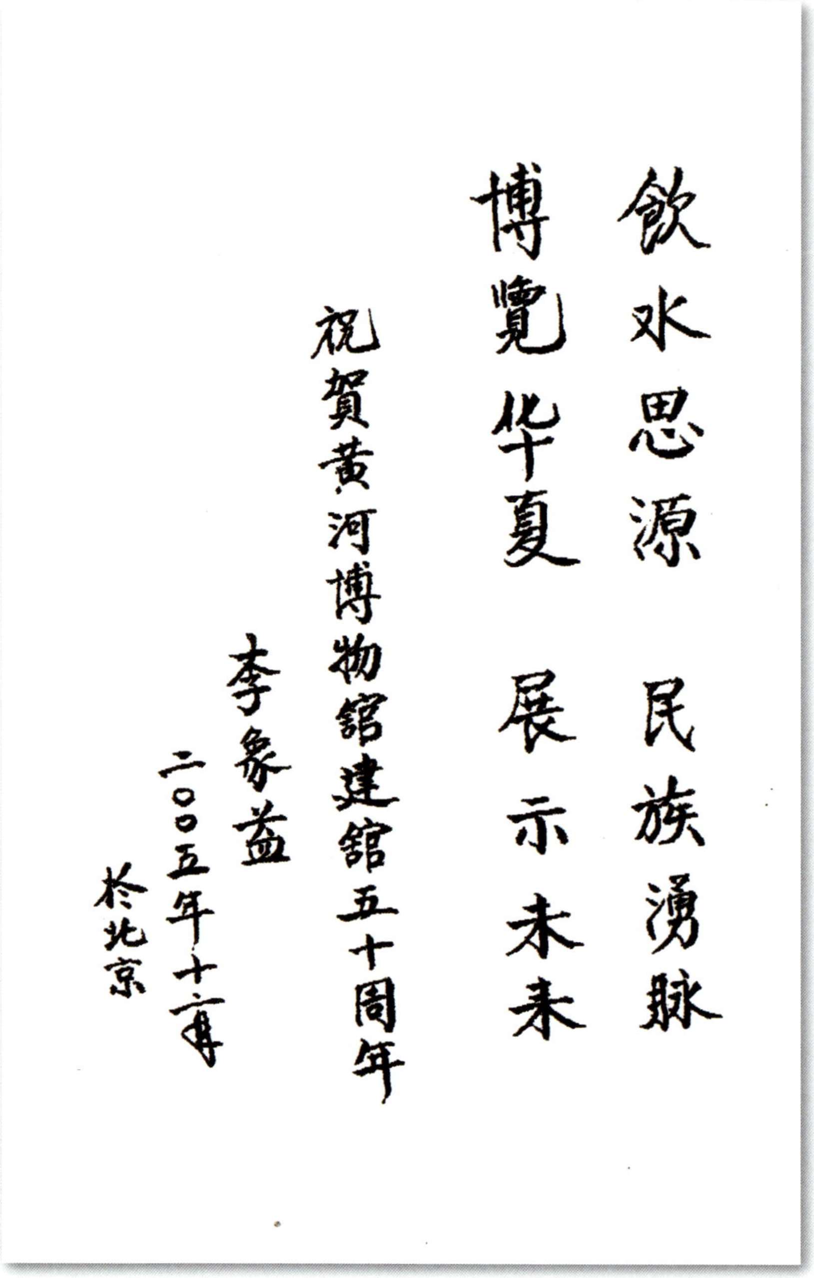

飲水思源 民族湧脉

博覽华夏 展示未来

祝賀黃河博物館建館五十周年

李象益

二〇〇五年十一月

於北京

中国自然科学博物馆协会
THE CHINESE ASSOCIATION OF
NATURAL SCIENCE MUSEUMS
BEIJING, CHINA

王建平馆长：

欣闻黄河博物馆建馆50周年之际，我谨代表中国自然科学博物馆协会，表示最衷心地祝贺！

黄河博物馆建馆50年来，展示中华民族之魂——华夏文明，充分展示了中华五千年文化对人类文明宝库的卓绝贡献，你们的工作，功在当代，泽被后裔，将永远地载入我国博物馆的史册。

送上几句字，以表祝贺之情。

中国自然科学博物馆协会理事长
国际博协执委

李象益 2005.12.24于北京

国际博协执委、中国自然科学博物馆协会理事长李象益题词

二、陈列展览

基本陈列

临时展览

陈列展览是博物馆为社会提供的最重要的服务之一，不仅是沟通历史与现实、知识与社会的桥梁，也是一个博物馆的特色所在，更能体现一个馆的综合实力。黄河博物馆是我国最早成立的河流博物馆，肇始于1955年在郑州举办的“治理黄河展览”，1955～1957年，在北京、天津、西安、兰州、太原、济南等城市进行巡回展览，所到之处引起极大的轰动，取得了很好的宣传效果和社会效益。黄河博物馆历经治理黄河展览会、治黄陈列馆、黄河展览馆、黄河博物馆四个发展阶段，始终坚持“宣传黄河、服务社会”的理念，把陈列展览工作放在首位，各个时期的基本陈列紧扣黄河主题，突出黄河特色，被誉为“黄河巨龙的缩影”“一部黄河的百科全书”。建馆以来，还举办过几十个临时展览，接待国内外观众数百万人次。2012年9月，黄河博物馆新馆建成并对外开放。新馆基本陈列体现“治河为民、人水和谐”的理念，具有鲜明的黄河特色，被评为“2012年度河南省优秀陈列展览”。

基本陈列

黄河博物馆旧馆基本陈列

外景

序厅

流域概况展厅

历史灾害展厅

黄河防洪

水资源开发利用展厅

三门峡大坝模型

水土保持展厅

生命黄河
黄河水量调度条例

生命黄河展厅

水土保持生态工程建设技术
黄河防汛抢险演示
Flood control rush repair manoeuvre of the Yellow River

综合展厅

黄河博物馆旧馆陈列改造

陈列改造（一）

陈列改造（二）

陈列改造（三）

陈列改造（四）

黄河博物馆新馆基本陈列

博物馆新馆外景（一）

博物馆新馆外景（二）

博物馆新馆外景（三）

序厅

◆ 流域地理展区

黄河形成三维动画演示

古生物化石

黄河流域概况

黄河流域矿产

黄河流域物理模型

◆ 民族摇篮展区

黄河文明浮雕

文明圣火场景复原

新石器时代彩陶

新石器时代石器

铜车马

四大发明展示

◆ 千秋治河展区

明·潘季驯《河防一览图》

渤海
黄海
黄河下游河道变迁挂盘模型

黄河水患灾害

埄堠碑

河工砖

河工石

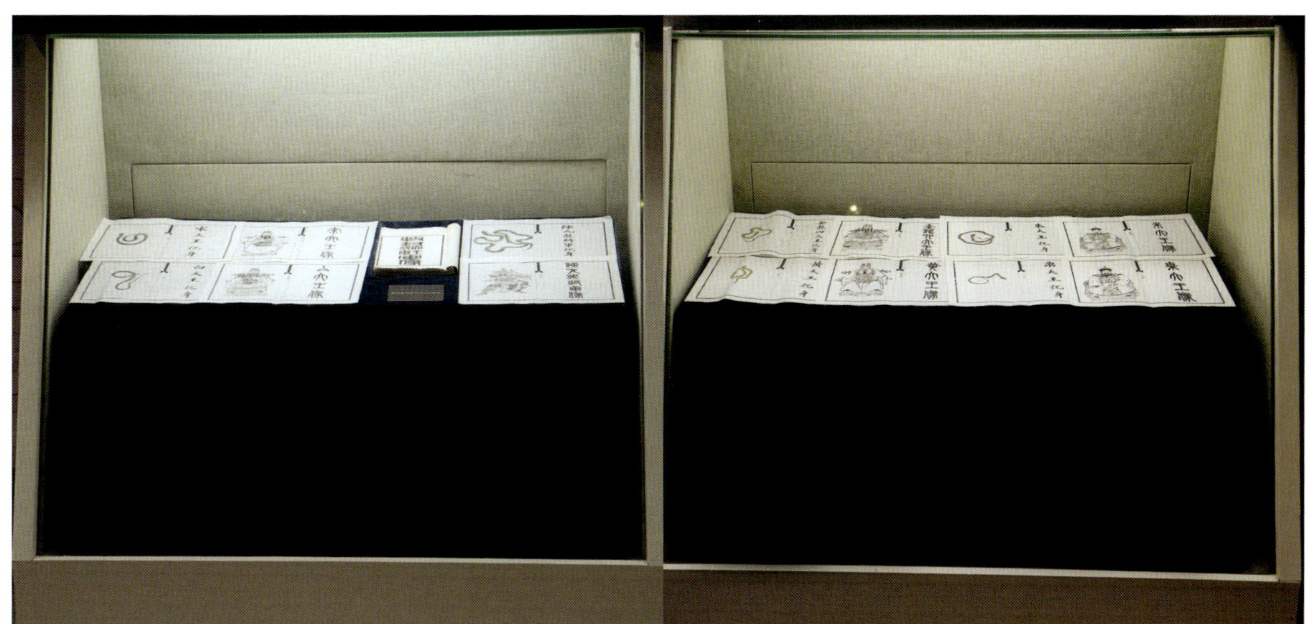

黄河大王将军画像

郑工合拢碑

河神祭祀

◆ 治河新篇展区

防汛器具

下游河道模型

黄河木船

水电开发

水土保持

◆ 和谐之路展区

临时展览

年份	展览名称	展出地点
1955~1957 年	治理黄河展览	京津及黄河流域
1958 年	河南省小麦展览	黄河博物馆
1959 年	建国十周年大庆展览	黄河博物馆
1984 年	周韶华“大河寻源”画展	河南省博物馆
1985 年	周中孚“黄河万里图”画展	河南省博物馆
	陈维信、陈日新、宇文洲、余力民“黄河画展”	黄河博物馆
1989 年	“黄河・黄土・黄种人”展览	中国台北
	第一届国际水利技术装备展览会（黄河展区）	北京
1991 年	治黄成就展览	三门峡
1992 ~ 1993 年	纪念毛泽东同志视察黄河四十周年黄河画展	郑州、北京
1993 年	神秘的恐龙世界	黄河博物馆
1996 年	馆藏文物标本，黄河美术、书法、摄影、图书展览	黄河博物馆
1997 年	黄河防汛摄影图片展览	郑州
	第二届全国水利艺术节美术、书法展览	黄河博物馆
1998 年	炎黄艺术拍卖行拍品展览	黄河博物馆
	河南省禁毒专项斗争成果展览	
	第五届中国河南省、日本国三重县职工书画摄影作品展	
1999 年	国际水利技术装备展览会（黄河展区）	北京
	建国五十周年辉煌成就展（水利展区）	
2000 年	第二十届国际大坝会议展览会（黄河展区）	北京
2001 年	国际水利技术装备展览会（黄河展区）	北京
2002 年	世界珍稀蝴蝶展	黄河博物馆
	河南省第十一届群众书法展览	
	关护母亲河——惠怀杰大型摄影艺术展	

年份	展览名称	展出地点
2003 年	黑河摄影展	黄河博物馆
2004 年	美术书法展览	黄河博物馆
	中国古代农耕文明展	
	第三次调水调沙大型图片展览	黄委大楼
	黄河源区暨南水北调西线工程考察纪实	
	黄委科技成果展	
	三条黄河建设摄影展	
2005 年	秦始皇兵马俑展	黄河博物馆
	馆藏书画艺术品展览	
	全国防汛抗旱新技术新产品展示会	黄委大楼
	见证历史——黄河博物馆建馆 50 周年回顾展	
2006 年	中国水博览会（黄河展区）	北京
	海底总动员——大型海底珍稀鱼类展	黄河博物馆
2012 年	王国安捐赠奇石展	黄河博物馆
	馆藏书画精品展	
2013 年	黄河湿地鸟类	黄河博物馆
2015 年	纪念黄河博物馆建馆 60 周年馆藏书画艺术品展览	黄河博物馆
	郑州首届欢乐嘉年华——侏罗纪恐龙展	
2016 年	黄河情·民族魂——海峡两岸民俗文化美食嘉年华	黄河博物馆
	纪念人民治黄 70 年馆藏艺术品展	
2017 年	“红色文化宣传”系列展览	黄河博物馆
	“七彩风车嘉年华”和“大型恐龙展”等展览	
2019 年	引进“恐龙展”“蝴蝶美猴展”等临时性科普展览	黄河博物馆

20 世纪 50 年代众多媒体报道“治理黄河展览”

1989 年，在我国台北市大地艺术中心及台湾省立博物馆举办“黄河・黄土・黄种人”展览

1989 年，北京国际水利展（黄河展区）

1993 年，“神秘的恐龙世界”在黄河博物馆展出

1992 ~ 1993 年，“纪念毛泽东同志视察黄河四十周年黄河画展”在中国美术馆、黄河博物馆展出

1997 年 8 月，“第二届全国水利艺术节美术、书法展览”在黄河博物馆展出

1998 年，“河南省禁毒专项斗争成果展览”在黄河博物馆展出

1998 年，“第五届中国河南省、日本国三重县职工书画摄影作品展”在黄河博物馆展出

1999 年，北京国际水利技术装备展览会（黄河展区）

2000 年，第二十届国际大坝会议展览会（黄河展区）

2001 年，北京国际水利技术装备展览会（黄河展区）

2005 年，“秦始皇兵马俑展”在黄河博物馆展出

2006 年 5 月，“海底总动员——大型海底珍稀鱼类展”在黄河博物馆展出

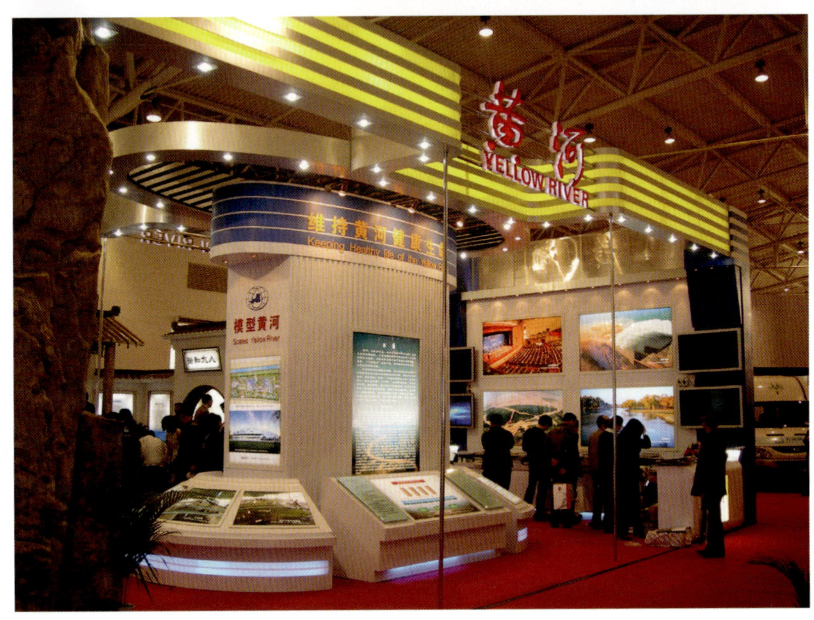

2006 年，中国水博览会（黄河展区）

2012 年 9 月，黄河博物馆馆藏书画精品展

2012 年 9 月，黄河博物馆王国安捐赠奇石展

2013 年，黄河湿地鸟类摄影展

2016 年 10 月 1 日，举办“纪念人民治黄 70 年馆藏书画精品展”

2017 年 2 月，在黄河博物馆园区举办“七彩风车嘉年华”展览活动

2019 年 3 月 1 日，利用园区场地引进“恐龙展”“蝴蝶美猴展”

国家级非物质文化遗产——黄河号子展示

三、宣传教育

公众宣传

重要参观接待

基地建设及主要荣誉

社会教育

宣传教育工作是博物馆与公众联系的桥梁和纽带。黄河博物馆是水利部黄河水利委员会对外宣传的重要窗口，是弘扬中华民族优秀文化遗产、传播水利科学知识、宣传现代治黄成就、教育人们增强水患灾害和生态环境保护意识的重要场所。由于黄河博物馆的专业性特点，宣传教育工作显得尤为重要；黄河博物馆成立之初的治理黄河巡展期间，讲解员队伍一度达到50多人，为巡展的成功举办发挥了重要作用。1973年，黄河博物馆被确定为河南省、郑州市首批外事接待单位，境外观众人数不断增加，黄河博物馆及时增加了外语讲解服务，取得了良好的宣传效果。近年来，为推动社教工作的规范化，积极组织社教部员工参加文博系统的讲解员培训，两次参加河南省文物局组织的讲解员大赛，取得了良好的成绩。

公众宣传

模范讲解组

巡展时期讲解黄河展览

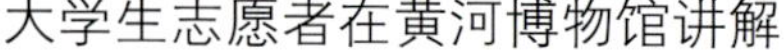

大学生志愿者在黄河博物馆讲解

郑州中学生参观

郑州小学生参观

北京学生参观

中国香港学生参观

著名治黄专家、百岁老人徐福龄（坐轮椅者）先生参观

海外华人参观

外宾参观

中国香港最大的电视机构——中国香港无线电视台（TVB）记者在博物馆参观

武警战士参观

黄委新职工入职培训参观

2009 年，黄河博物馆参加第一届郑州教育服务大会

2010 年，黄河博物馆参加第二届郑州教育服务大会

重要参观接待

泰国诗琳通公主在时任黄委副主任廖义伟（左一）陪同下参观

治黄河为人民

诗琳通

2000年二月十二日

埃塞俄比亚水利部部长贾索参观

著名水利专家、中国工程院院士张光斗（右三）参观

世行官员参观

国家海关总署孙毅彪一行参观黄河博物馆

中国首任驻美大使柴泽民（左五）、中国驻日本大阪原领事千昌奎（右三）参观黄河博物馆

中国首任驻美大使柴泽民参观留言

中国澳门特别行政区政府代表团参观

中国台湾地区国民党高层人士郝柏村（右二）参观

中国台湾地区“水利署”客人参观

中央巡视组组长、中直机关工委常务副书记孙晓群（右三）等在时任黄委主任陈小江（左三）陪同下参观黄河博物馆

水利部原副部长敬正书（右三）在时任黄委副主任徐乘（右四）陪同下参观

黄委副主任苏茂林（中）陪同国家统计局客人在博物馆参观

时任黄河工会主席郭国顺（右二）陪同客人在新馆参观

时任黄委副主任李春安（右一）陪同外宾参观

时任黄委纪检组组长赵国训（左一）陪同客人在新馆参观

2016 年 3 月 17 日，武警总队郑州支队黄延平政委带队到馆参观

2016 年 11 月 26 日，黄委国科局尚宏琦陪同新西兰阿什伯顿市长一行到馆参观

2017 年 3 月 9 日，中国摄影家协会副主席王悦一行到馆参观

2017 年 3 月 13 日，浙江博物馆馆长陈浩、浙江自然博物馆馆长严洪明、中国丝绸博物馆书记蔡琴、中国煤炭博物馆副馆长胡高伟及山西博物院副院长张慧国一行到馆参观

2017 年 3 月 21 日，天津博物馆原馆长陈克一行到馆参观

2017 年 6 月 7 日，青海玉树藏族自治州宣传部人员一行到馆参观

2017 年 7 月 11 日，孟加拉国大使一行到馆参观

2018 年 4 月 18 日，印度比哈尔邦水利部部长代表团一行到馆参观

2018 年 8 月 8 日，河南省政协副主席周春燕、环资委副主任姜俊及省发展和改革委副主任王红等一行到馆参观

2018 年 8 月 14 日，中水淮河规划设计研究有限公司原董事长万隆一行到馆参观

2019 年 6 月 24 日，全国人大河南省代表调研团一行到馆参观指导

2019 年 6 月 27 日，老挝水利部部长一行到馆参观

2019 年 6 月 27 日，蒙古国水利代表团一行到馆参观

2019 年 7 月 24 日，民政部副部长唐承沛到馆参观

2019 年 8 月 16 日，国家发改委副主任罗文、河南省常务副省长黄强到馆参观指导工作

2019 年 12 月 24 日，中国外交部驻外使节团 18 位驻外大使、参赞到馆参观、考察

2020 年 1 月 15 日，水利部考核组韩静来馆参观

2020 年 4 月 29 日，黄委纪检组长孙高振陪同水利部纪检组一行到馆参观

2020 年 5 月 21 日下午，河南省委副秘书长、办公厅主任吉炳伟一行来到黄河博物馆实地调研指导工作

基地建设及主要荣誉

1995 年 5 月，郑州市青少年思想教育基地挂牌仪式

1998 年，被黄委命名为“爱国主义教育基地”

2005 年，被郑州市科学技术局命名为
"郑州市科普教育基地"

2006 年，"阳光青年志愿者"在博物馆举行授牌仪式

2007 年，河南省郑州市金水区“关心下一代工作委员会”在博物馆举行“青少年教育基地”揭牌仪式

2008 年，铁道警官高等专科学校在博物馆举行爱国主义教育基地揭牌仪式

2009 年，华北水利水电学院爱国主义教育基地揭牌仪式

2016 年 6 月 29 日，“黄河文化研究与交流中心”正式挂牌，黄河文化建设工作迈出坚实的步伐

2016 年 7 月 31 日，策划组织了“弘扬黄河文化 展示黄河力量、黄河情 英雄颂——共筑中国梦、迎八一军民共建联谊会”

2017 年 8 月 9 日，在郑州召开了“黄河文明与中华民族伟大复兴”专家座谈会

2019 年 5 月 9 日，“黄河文明博物馆建设专家咨询会”在郑州召开

2019 年 5 月 27 日，郑州师范附属小学在黄河博物馆研学

水利部为国家水情教育基地授牌

黄河博物馆红色文化宣教基地在河南省人民会堂汇报演出

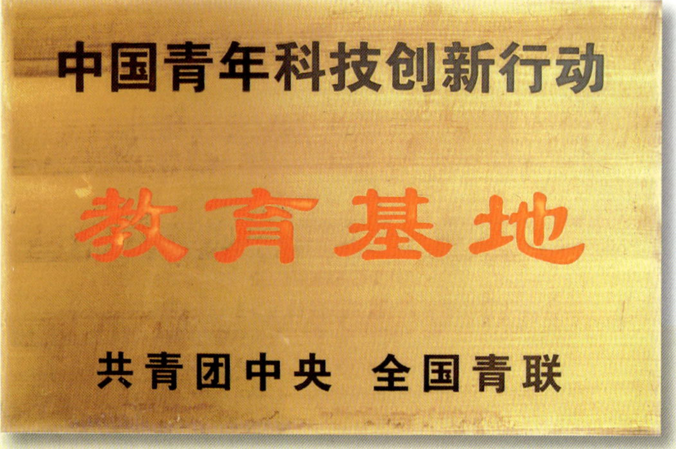
中国青年科技创新行动
教育基地
共青团中央 全国青联

国家水情教育基地
NATIONAL WATER EDUCATION BASE
中华人民共和国水利部
2017年

全球水博物馆网络单位
UNESCO
United Nations
Educational, Scientific and
Cultural Organization
International
Hydrological
Programme
WATER
MUSEUMS
GLOBAL NETWORK

黄河爱国主义教育基地

黄河水利委员会
二〇〇九年十二月

河南省中小学专项性社会实践教育基地

优秀传统文化基地

河 南 省 教 育 厅
2018年10月-2021年10月

河南省水利学会

水利科普教育基地

二〇一六年十月

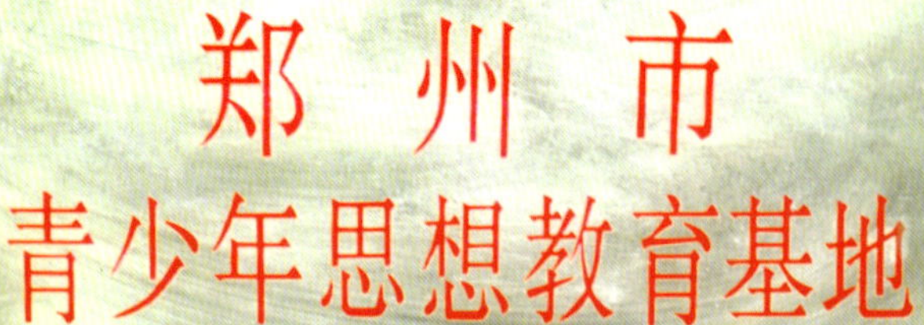

郑州市
爱国主义教育基地
中共郑州市委宣传部
郑州市教育委员会
共青团郑州市委
一九九六年十一月

郑州市科普教育基地
郑州市科学技术局

青少年教育基地
郑州市关心下一代工作委员会
惠济区关心下一代工作委员会

郑州市中小学校外教育基地
专业实践基地
（2017年10月-2019年10月）
郑州市教育局
2017年10月

爱国主义教育基地
水利部黄河水利委员会

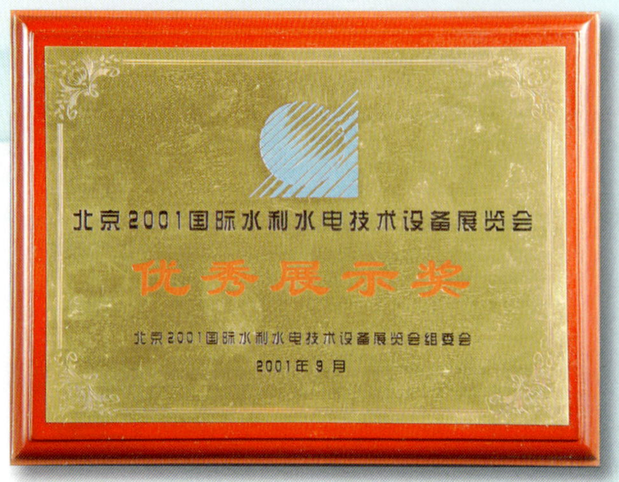
北京2001国际水利水电技术设备展览会
优秀展示奖
北京2001国际水利水电技术设备展览会组委会
2001年9月

水利部黄河水利委员会
2006中国水博览会
最佳创意设计奖
中国水博览会组织委员会
2006年4月

奖状
北京1999国际水利技术装备展览会
新中国水利成就展
黄河水利委员会获
最佳设计制作奖

证书
黄河水利委员会
在北京2001国际水利水电技术设备展览会
中，你单位荣获优秀组织奖，特颁此证书。
北京2001国际水利水电技术设备
WATER EXPO CHINA 2001

荣誉证书
黄河博物馆被评为郑州市爱国
主义教育基地工作先进单位。
特发此证
中共郑州市委宣传部
2004年12月
军民共建
协议书

社会教育

2016 年 4 月，参加由郑州市教育局在中牟基地主办的校外教育博览会

2018 年 3 月 28 日，在郑州市上街区中心小学开展研学活动

2018 年 3 月 29 日，香港学生团到黄河博物馆参观

2018 年 3 月 31 日，“世界水日”主题活动周期间，黄河中学学生在黄河博物馆参观学习

2018 年 4 月 18 日，翰林国际幼儿园的小朋友来到黄河博物馆

2018 年 7 月 1 日，郑州八中学生在黄河博物馆参观学习

2018 年 9 月 2 日，黄委国科局与博物馆联合举办了首届“黄河文化暨海峡两岸水利青年交流营”活动

2018 年 9 月 2 日，黄河文化暨海峡两岸青年交流营一行到馆参观

2019 年 3 月 29 日，在郑州市上街区中心路小学开展研学活动

2019 年 4 月 12 日，黄委会幼儿园的小朋友在黄河博物馆开展研学活动

2019 年 5 月 18 日，敢闯语文大型户外课堂走进黄河博物馆

2019 年 5 月 18 日，大河报小记者在黄河博物馆培训

2019 年 5 月 29 日，与河南省教育厅、河南教育时报社等单位联合开展南省首届最美孝心少年“走进母亲河 感恩父母情”研学活动

2019 年 11 月 8 日，“走进黄河”媒体采风活动在黄河博物馆启动

幼儿园小朋友在博物馆举办活动

河南省郑州·洛阳历史文化与黄河管理之旅

“同饮一河水 共护母亲河”省委党校活动

2020 年 5 月 18 日，展览走进千鹿山社区

2020 年 5 月 18 日，黄河博物馆在郑州四中举办活动

四、藏品征集与管理

藏品征集

特色藏品

藏品保护与管理

藏品是博物馆开展陈列展示、宣传教育、科学研究、对外交流的重要物质基础。黄河博物馆起源于治理黄河展览，藏品从无到有，发展到现在建立起了包括历史文物、黄河流域古生物化石、黄河水利文物、黄河书画、黄河民俗、历史图片、音像资料等多种类的藏品体系，凝聚了几代黄河博物馆人的心血和汗水。根据新馆建设需要，黄河博物馆加大了文物标本征集工作的力度，调整了征集工作的重点及方向，紧紧围绕黄河水利文物、黄河历史文物、黄河流域民族民俗文物标本及黄河流域自然标本四个方面展开，征集了一大批具有典型代表意义的文物标本。藏品管理工作不断完善，从最初简陋的文物库房，发展到现在具有数字化管理系统的恒温恒湿文物库房，现在已初步构建起科学合理、具有鲜明黄河特色的藏品体系并采用现代化管理手段，新馆文物库房功能多样、设备齐全，为藏品的妥善保管创造了良好条件。

藏品征集

1985 年 6 月，在壶口瀑布采集山西鳄化石

1996 年 6 月，在黄河故道查勘征集文物

1997 年 8 月，在小浪底坝址采集硅化木化石

2003 年 7 月，在渑池县征集 1843 年黄河特大洪水水文刻记碑

2004 年 6 月，水利部原副部长张含英子女（左一）向黄河博物馆无偿捐赠张老遗物

2006 年 5 月，在开封第一黄河河务局征集治河实物

2006 年 5 月，在开封第二黄河河务局征集治河实物

2006 年 6 月，在山西芮城西侯度遗址进行文物调查

2006 年 6 月，在黄河禹门口龙门水文站调查水利文物

2006 年 6 月，在陕西司马迁祠调查水利文物

2006 年 11 月，在开封拓印“镇河铁犀”铭文

2006 年 12 月，在河北承德调查黄河水利文物

2006 年 12 月，武汉郑立国先生（中）将自己创作的《黄河万里行图》无偿捐赠给博物馆

2007 年 5 月，在河南长垣进行文物调查

2007 年 8 月，在河南中牟调查水利文物

2007 年 10 月，在河南濮阳调查水利文物

2008 年 8 月，在河南原阳调查清代河工砖砖坝遗迹

2008 年 8 月，在河南中牟征集筑堤工具

2008 年 12 月，在开封兰考黄河河务局征集治河器具

2008 年 12 月，在开封柳园口黄河大堤征集河工砖

2009 年 11 月，在三门峡调查、采集黄河特大洪水泥沙标本

2009 年 12 月，在河南滑县黄河故道采集汉代河工石

2010 年 3 月，在河南卫辉市黄河故堤遗迹采集明代河工石

2010 年 3 月，在河南台前县征集黄河渡船、小推车

2010 年 8 月，著名水文专家王国安先生（右二）将个人收藏的 235 块珍贵黄河奇石无偿捐赠给博物馆

2012 年 7 月，在内蒙古额济纳旗采集胡杨木标本

2012 年 8 月，在山东天桥黄河河务局征集镇河神兽

2012 年 9 月，著名画家汤清海先生向博物馆无偿捐赠了自己创作的百米黄河长卷《华夏黄河图》

2013 年 9 月，被誉为“河南省高浮雕传承第一人”的李仁清先生（右一）将 126 件文物浮雕拓片无偿捐赠给博物馆

2017 年 12 月 27 日，甘宝恩捐赠印章、印章图谱及书法作品

2018 年 6 月 11 日，郑州市惠济区京水村捐赠电影胶片

特色藏品

黄河水利文物

宋金时期黄河堤防管理界碑——埽堠碑

花园口堵口纪念碑

清代“壬寅上南造”河工砖

清代“壬寅下南造”河工砖

清道光二十三年（公元 1843 年）黄河特大洪水刻记碑

民国三十七年（1948 年）河工砖

明代《河防一览图》局部（复制品，原图藏国家博物馆）

汉代穿孔河工石

明代穿孔河工石

人民胜利渠渠首闸门启闭手摇摇把

河道行船锚犁

清代黄河下游工程图（1877 ~ 1881 年）

云硪

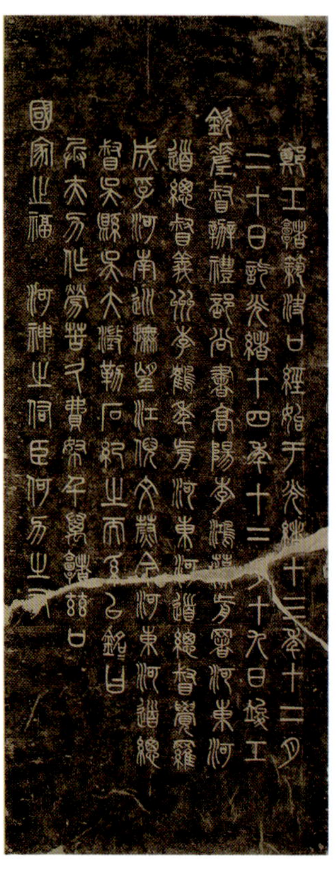
清代郑工合龙处碑

清嘉庆时期题奏

历史文物

马家窑文化黑红彩双耳菱形纹罐

马家窑文化双耳神人纹壶

马家窑文化黑红彩漩涡纹双耳壶

马家窑文化单耳彩陶壶

马家窑文化双耳四大圆圈网格纹瓮

马家窑文化双耳平行对错锯齿纹罐

马家窑文化双耳彩陶罐

齐家文化素面大耳罐

齐家文化夹砂绳纹罐

汉代陶井

汉代月光铜镜

汉代鸭形铜炉

汉代四乳兽纹铜镜

唐三彩文仕俑

唐三彩武士俑

唐三彩马

唐代海兽葡萄铜镜

宋葵花形铜镜

明代宣德龙纹铜熏炉

馆藏油画

《黄河源》·朱乃正

《河上春秋》·钟涵

《古塬》·潘晓东

《唐·黄河铁牛》·周路石

《五月的风》·梁强

《信天游》·孙杰

《厚土》·李胜利

《厚土的血脉》·任振江

《原驰蜡像》·武明明

《碌碡忙碌的季节》·孟浩

《粒粒皆辛苦》·李日敬

《河湟金秋》·王颖

《大河之光》·谢述先

《妮儿·羊儿·河湾湾》·周毅

《黄河谣》·李勇

《夕阳下的故乡》·邢继有

《石门水文站》·王阿敏

《瑞雪》·钟国友

《黄河香炉寺》·姚钟华

《黄河古镇》·谢述先

《黄河奔腾》·姚钟华

馆藏国画

《黄河源头》・刘大为

《黄河之源》・徐金堤

《故乡的河》·安正中

《日暮长河急》·白庚延

《延安水土保持》· 谢瑞阶

《大河之源》·任惠中

《大河方舟》·杨奕

《溯源》·孟鸣

《黄河颂》·刘宝纯

《黄河第一桥》·郝鹤君

《不废江河万古流》·周中孚

《金色的记忆》·敬廷尧

《黄河醉秋图》·胡定鹏

《万里黄河第一坝》·王天佑

馆藏版画

《这方天地》・姚天沐

《在激流中》・伍必端

《河魂》·董其中

《黄河水文站》·莫测

《黄土 黄河》·成文正

《黄河在崛起》·吕仲寰

馆藏书法

黄河博物館 舒同

舒同

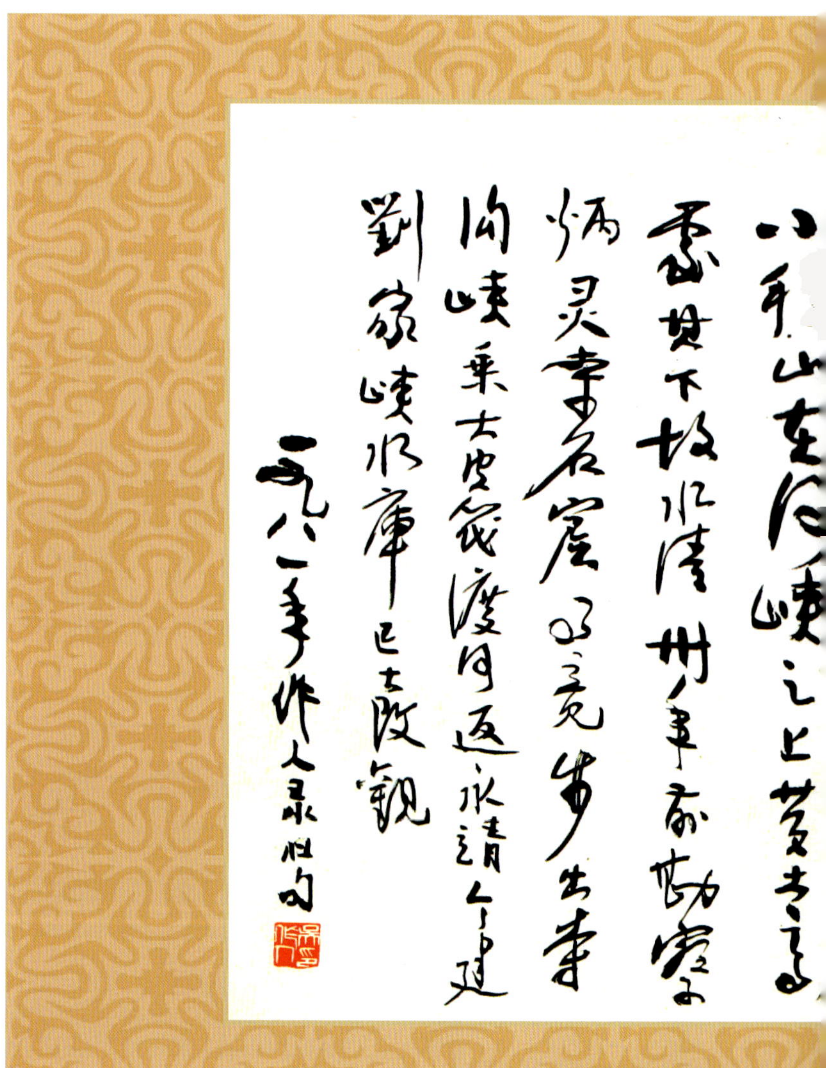

吴作人

沙孟海

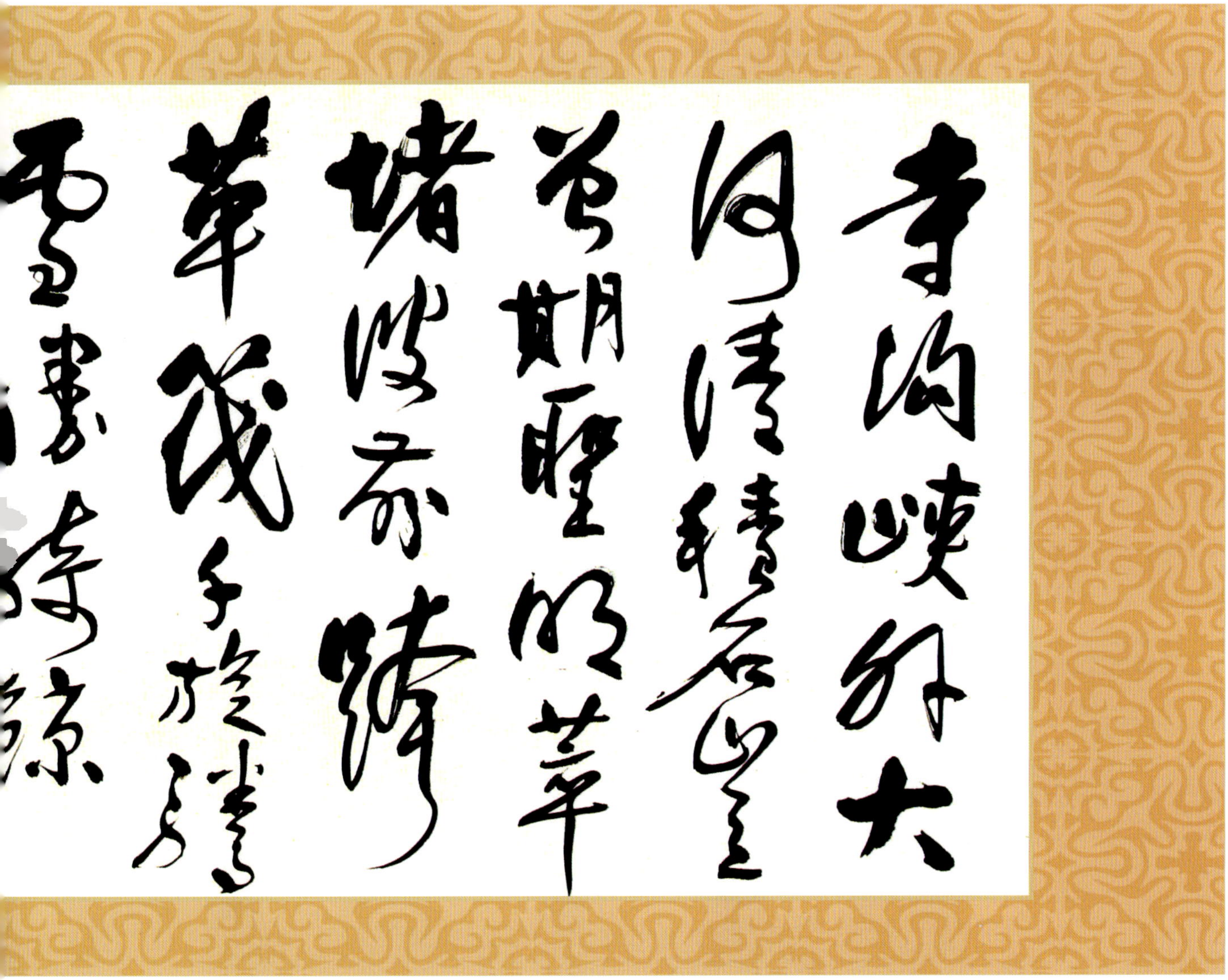

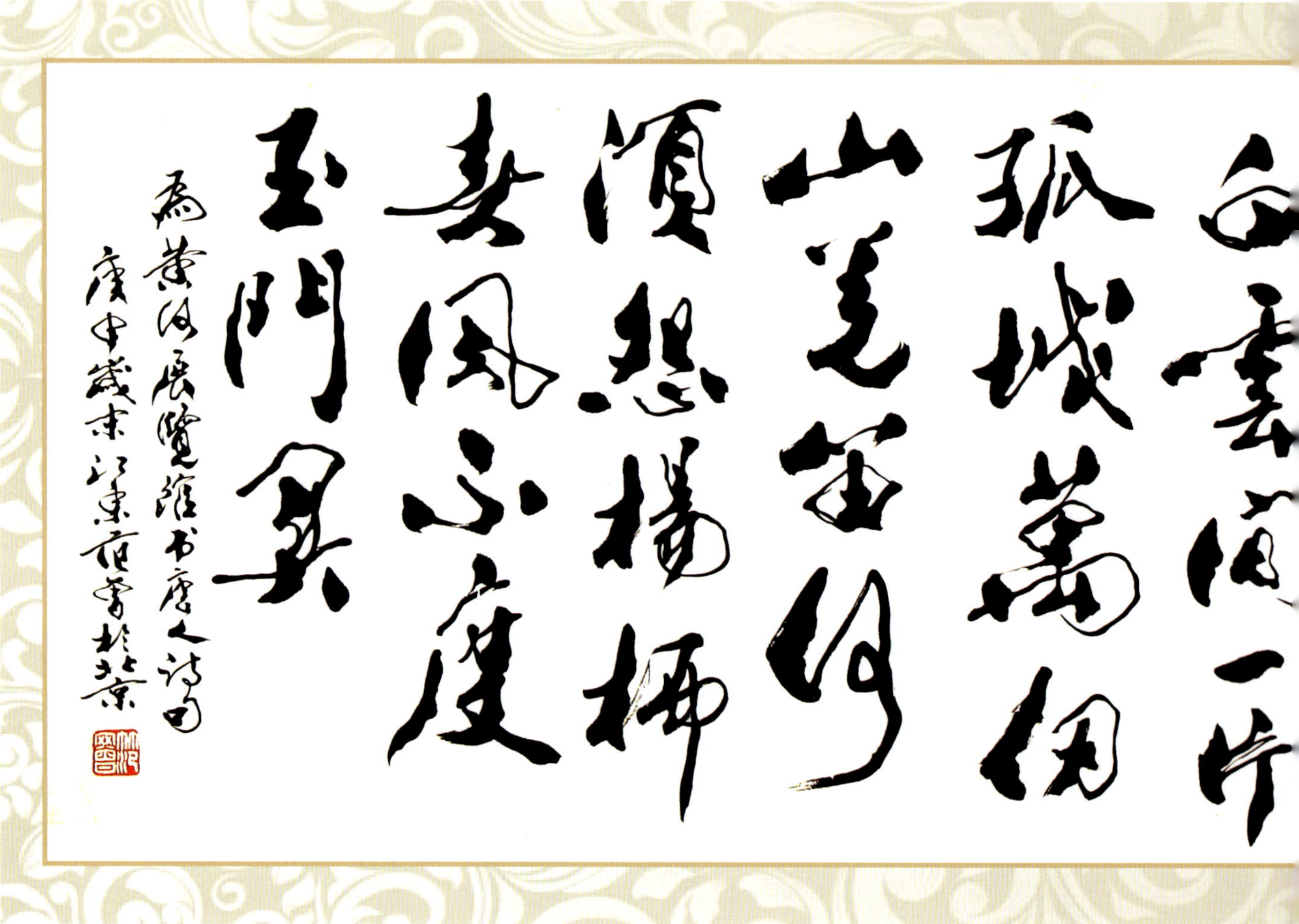

范曾

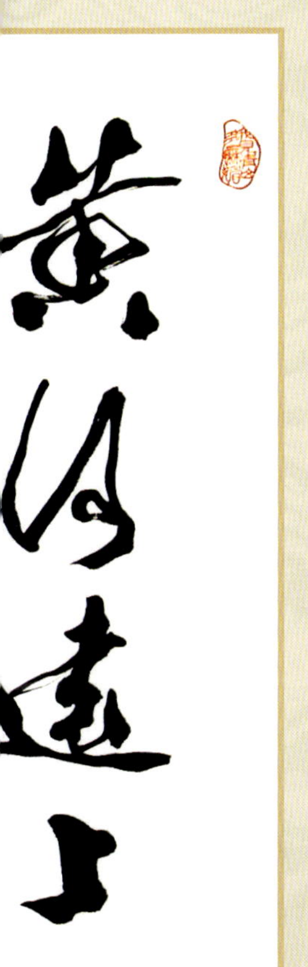

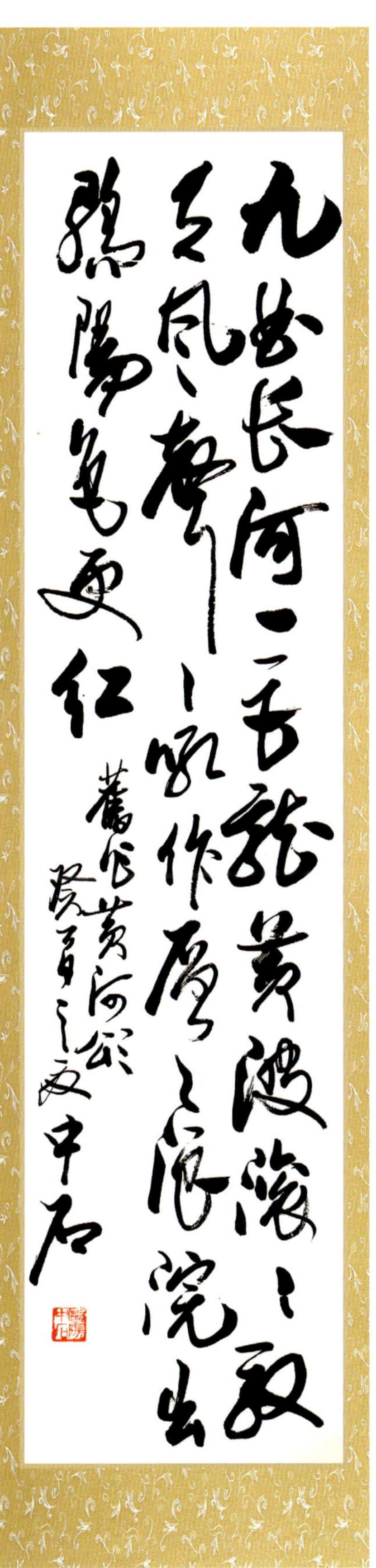

欧阳中石

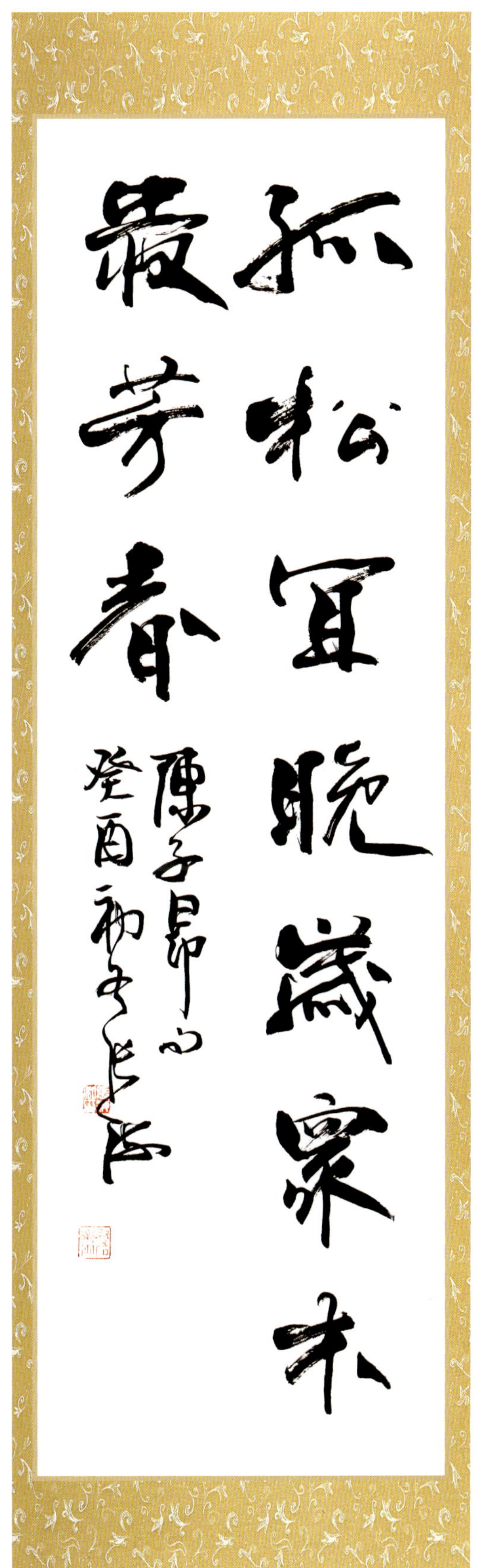

张海

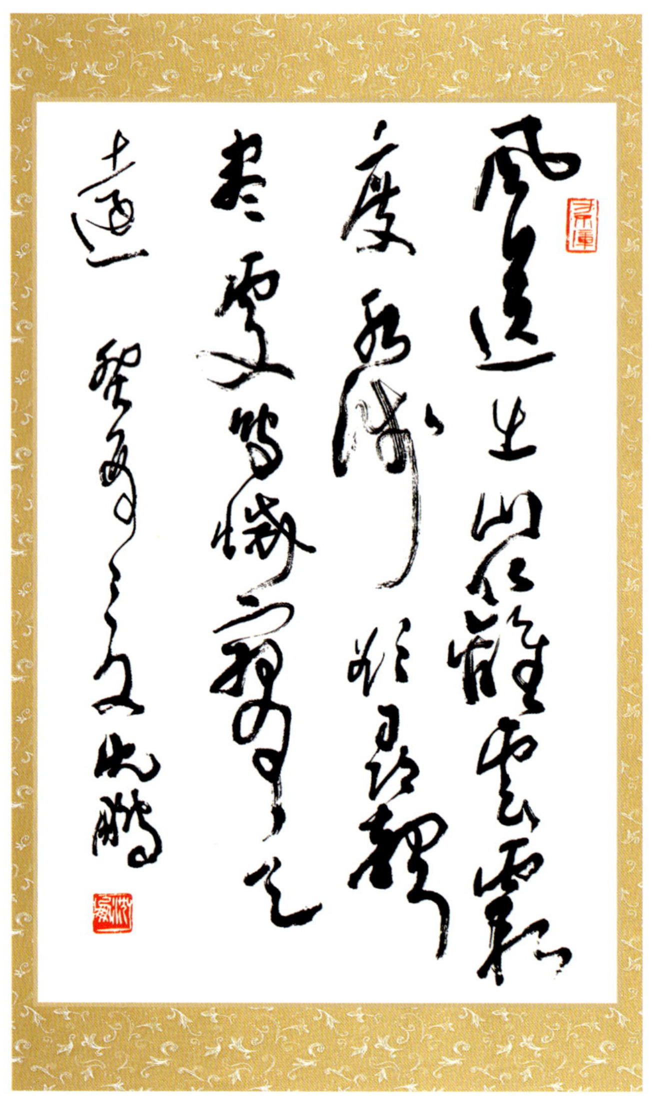

沈鹏

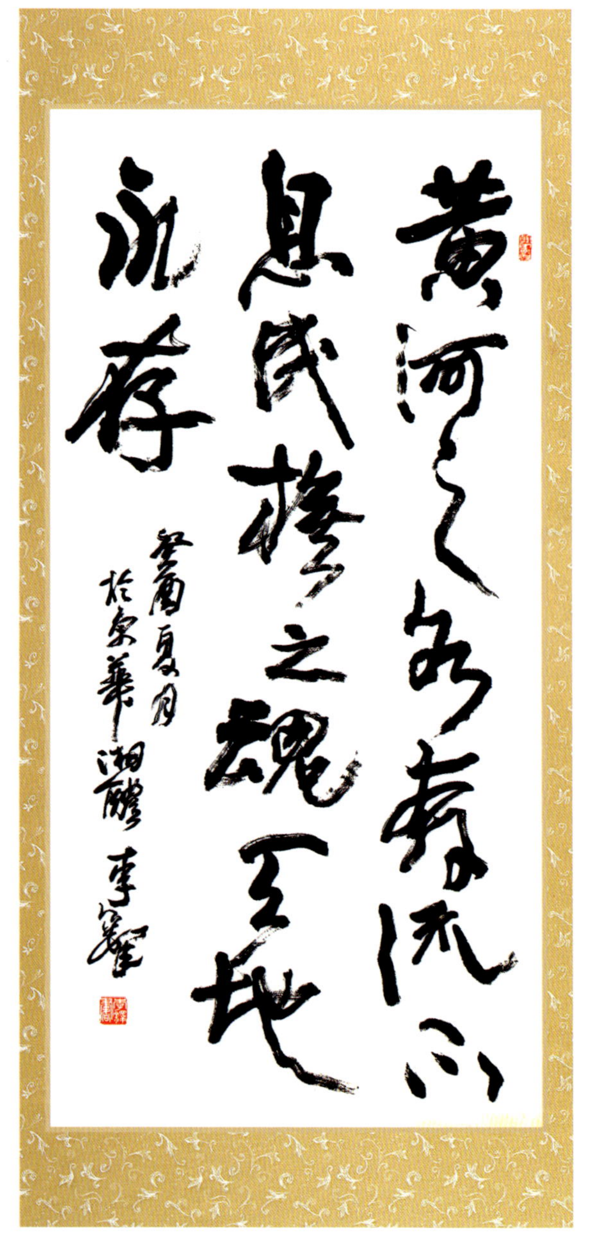

李铎

陈天然

刘炳森

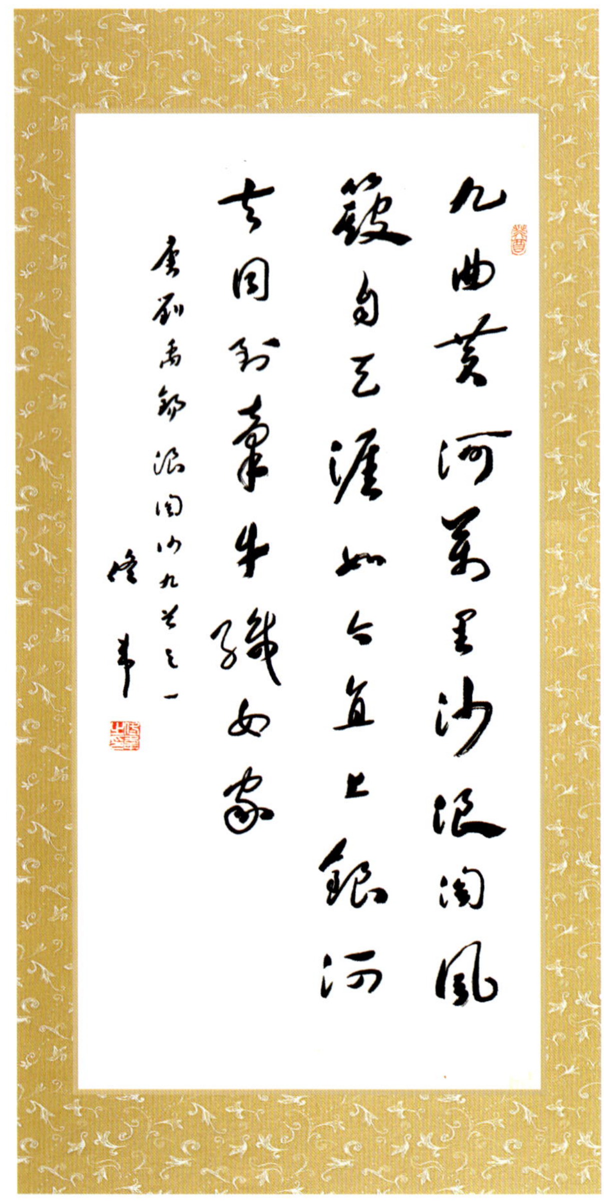

佟韦

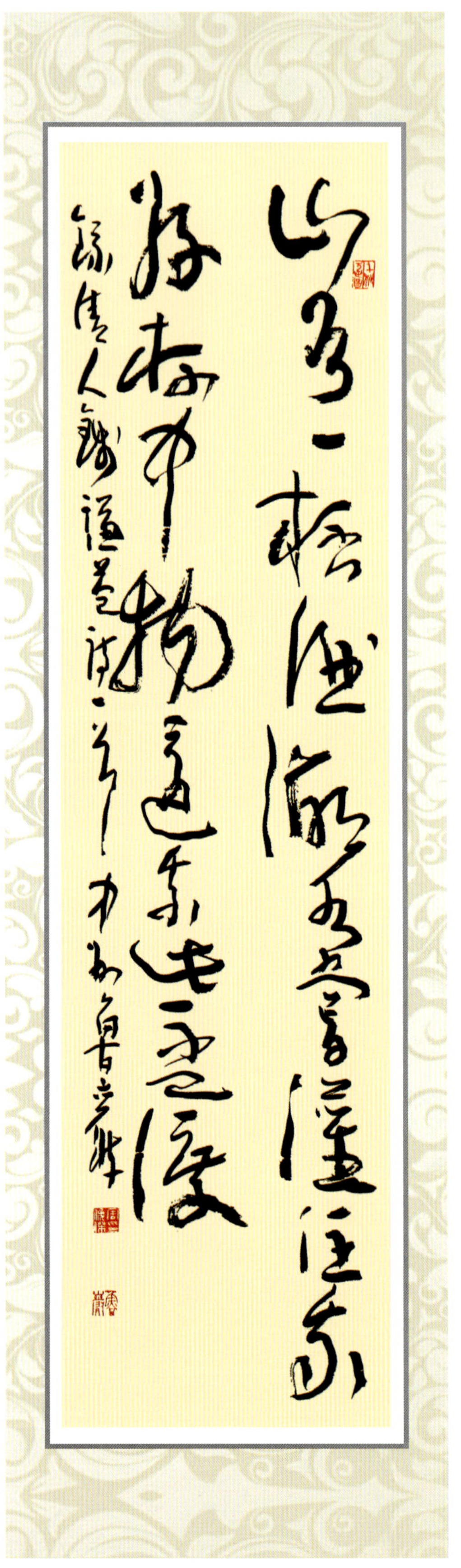

周俊杰

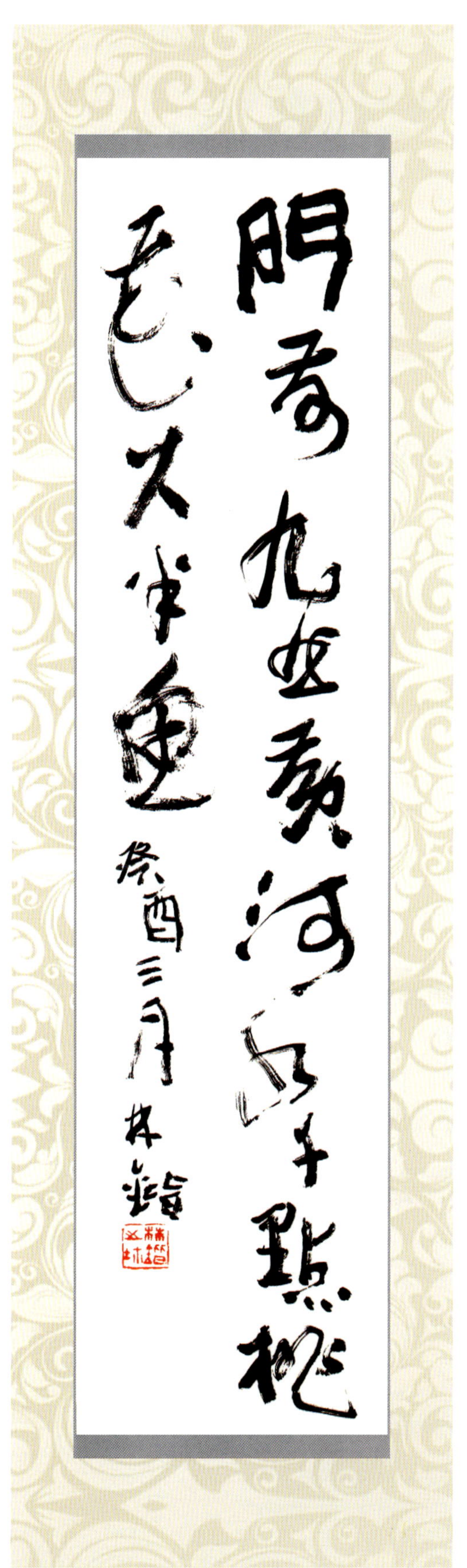

林锴

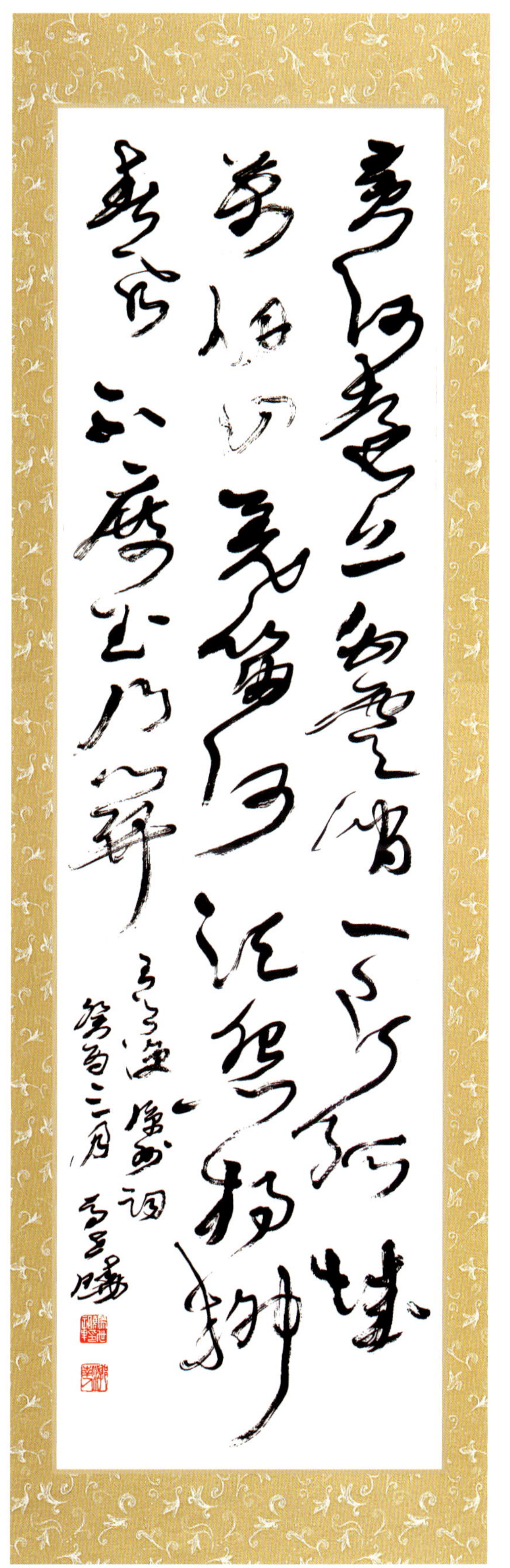

马世晓

馆藏黄河流域古生物化石

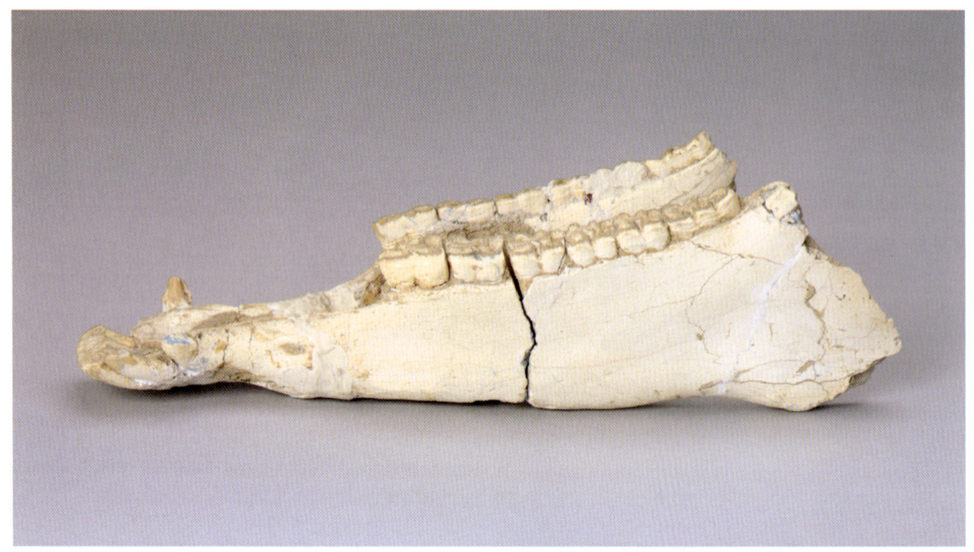

三趾马头骨化石

剑齿象象牙化石

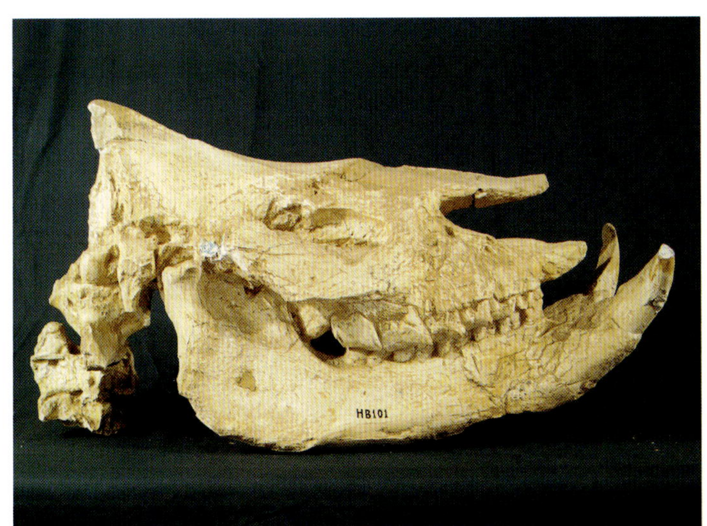
大唇犀头骨化石

山西鳄鱼化石

斜方薄皮木化石

燕子石化石

野猪头骨化石

陆龟化石

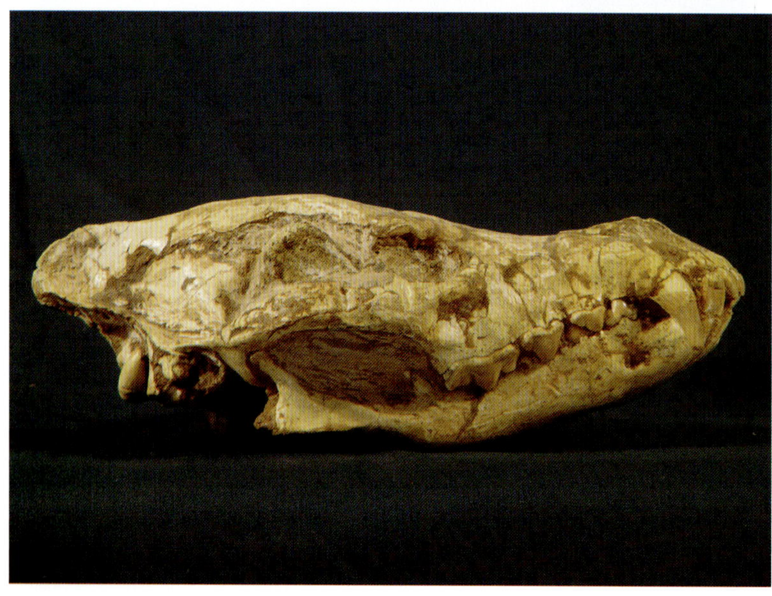
鬣狗头骨化石

高氏羚羊头骨

鱼化石

鱼化石

馆藏黄河流域矿产标本

蓝宝石矿标本

金矿石标本

金矿石标本局部

鸡血石矿标本

世界最厚的黄土标本

藏品保护与管理

搬迁花园口堵口纪念碑

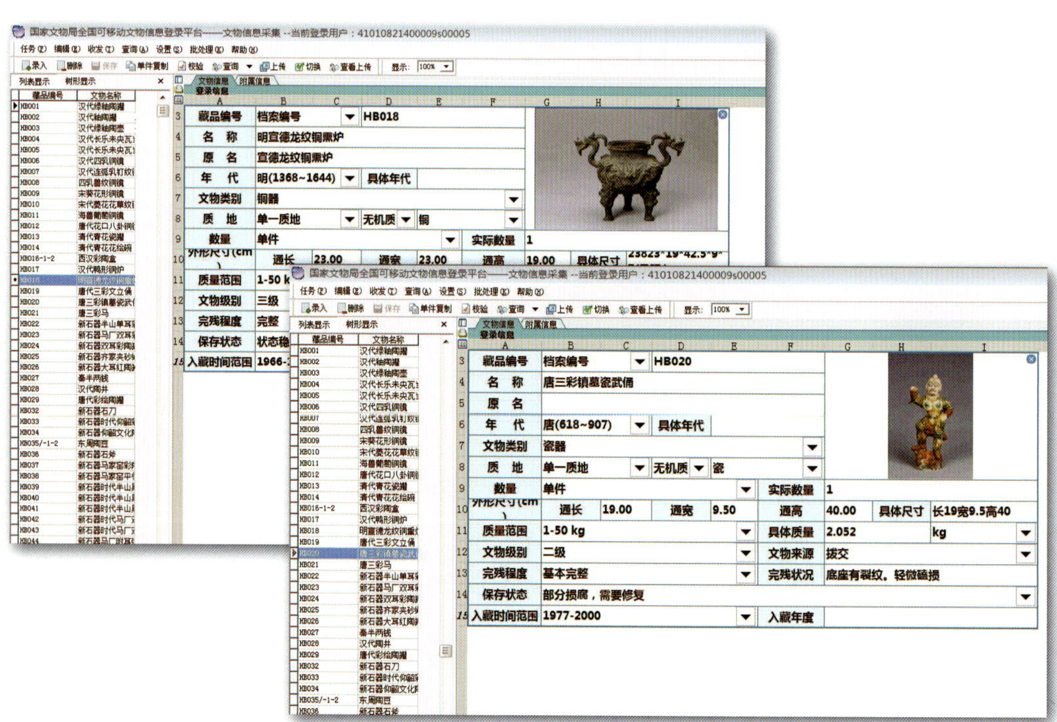

藏品信息化管理

恒温恒湿文物库房

书画艺术品保管

化石保管

矿石标本保管

历史文物保管

附　录

黄河博物馆大事记

1953 年全国兴起了技术革新的群众运动，黄河水利委员会（以下简称黄委）决定举办一次全河性的技术革新展览会。1954 年底，国家完成《根治黄河水害和开发黄河水利的综合规划》，黄委遂决定把“技术革新展览会”改为“治黄展览会”，系统介绍黄河历史、治黄成就和黄河规划等主要内容。

1955 年

4 月 17 日，治黄展览会举办的“治理黄河展览”在郑州市人民路与东太康路交汇处的原黄委会招待所隆重开幕，这一天也成为黄河博物馆建馆纪念日。展览于 6 月 14 日结束，观众达 6.5 万人次，前来帮助中国建设的苏联等国家的水利专家、水利部副部长张含英、著名作家赵树理、诗人王亚平等参观了展览。

7 月，为配合全国一届人大二次会议审议黄河治理规划，水利部决定将“治理黄河展览”移至北京中南海怀仁堂，直接向与会代表宣传黄河。党和国家领导人毛泽东、刘少奇、周恩来、朱德、陈毅、罗瑞卿等，社会著名人士邵力子、廖鲁彦，水利部第一任部长傅作义先生以及参加人大会议的代表都参观了展览。

全国人大会议结束后，遵照中共中央办公厅的指示，治黄展览会对“治理黄河展览”的内容进行了调整。同时，在文化部中央自然科学博物馆（筹）和水利部宣传处的协助下，精心筹备“治理黄河展览”在北京、天津和黄河流域省（区）巡回展出事宜。

10 月 3 日，水利部、文化部联合举办的“治理黄河展览”在北京故宫东华门传心殿内对社会展出，展览内容包括黄河的自然概况、黄河的河道变迁及灾害、黄河的治理成就、黄河的治本及黄河的远景规划四部分，另有电影《根治黄河的第一步》。展期预计进行两个半月，由于观众反响强烈，展览不得不延期至 1956 年 2 月底，观众达 32 万人次。刚归国不久的著名科学家钱学森博士参观展览后兴奋地说：“治理黄河的确是前人没有做过的极其光荣的事业。”展出期间，为了更好地宣传黄河规划，北京科学制片厂摄制了专题片《治理黄河展览》向全国发行，同时展览会又复制了一套展品，在北京又招收培训了 50 多名讲解员。

1956 年 4 月至 1957 年 5 月 20 日

“治理黄河展览”在北京结束后，展品移至天津自然博物馆展出，继而在陕西省华阴县华岳庙对三门峡库区移民展出。在北京展出的原班人马将复制的展品运到西安市陕西历史博物馆展出。随后，展品又在兰州市工人俱乐部、太原山西省历史博物馆、济南广智院展出，展览所到之处，人如潮涌，盛况空前。1956 年上半年，在展览会到各地巡回展出的同时，黄委开始在郑州市紫荆山路 4 号建设馆舍。

从 1955 年 10 月 3 日至 1957 年 5 月 20 日，“治理黄河展览”巡回展出 6 省市，接待观众 129 万人次，其中包括来自 40 多个国家的 5000 多名外宾。

1957 年

6 月，占地 7000 多平方米的郑州馆舍建成，主展厅为欧式建筑，仿北京展览馆建造，由黄河水利委员会设计处崔茂生设计，建筑面积 1200 平方米，附属建筑面积 200 平方米。

7 月，“治理黄河展览”巡展结束后展品运回郑州，开始在郑州馆舍布置。

10 月 1 日，“治理黄河展览”正式对全社会开放展出，定馆名为“治黄陈列馆”，馆名由时任山东省委第一书记的著名书法家舒同题写。

1958 年

治黄陈列馆与《黄河建设》编辑部合并为宣传科。

同年，从三门峡库区文物工作队征集了石斧、骨针、鬲、鼎等文物。后馆舍被河南省借用并举办小麦展览、农业展览。

1959 年

7 月，收回馆舍，经补充内容后，举办了“建国十周年大庆展览”。

1960 年

3 月，因国家经济困难被迫闭馆，工作人员大部分下放。馆舍被黄委图书馆、资料室占用。

1972 年

5 月，为纪念毛泽东主席视察黄河 20 周年，黄委决定重新举办“治理黄河展览”，由宣传处负责筹备。

6 月，陆续抽调 50 多人参与馆舍内容与形式设计、制作并进行布展，其中，内容设计由王质彬、徐福龄、邓修身等负责，形式设计由赵学英、殷鹤仙、刘春萱等负责。

10 月 30 日，展览对社会开放，展览分为四个部分：伟大的黄河、黄河的历史灾害、人民治黄成就（防洪斗争 · 水土保持 · 水利水电）、黄河在前进。展览内容有文物标本、治黄实物、电动模型、流水模型、布景箱、变景箱、透光照片、绘画等，还有两处小型电影。黄委同时将治黄陈列馆改名为“黄河展览馆”。

1973 年

开始接待外宾，成为河南省、郑州市最早的外事接待单位之一。

1974 年

邀请河南省雕塑家叶滨、谢祥等在陈列大厅外广场花池内创作群雕作品《黄河鲤鱼》，四周辅以喷水青蛙造型，成为郑州一景和展馆标志。

1975 年

10 月，全国人大副委员长陈慕华陪同几内亚总理参观黄河展览馆并高度评价。

同年，著名画家赵正一为黄河展览馆创作巨幅《刘家峡水利枢纽》油画。

从陕西调入汉代龟凤龙纹青铜灯盘、唐三彩骑马俑等文物。

1977 年

4 月，故宫博物院吴仲超院长参观黄河展览馆，并和黄委商谈调拨文物事宜。

9 月，故宫博物院调拨给黄河展览馆 3 件文物，分别为唐三彩文仕俑、唐三彩武士俑、唐三彩马。

1978 年

9 月 16 日，法国林业水利工程学校旅行团来馆参观。

10 月，法国电力代表团来馆参观。

1979 年

8 月 4 日，法国农业考察团来馆参观。

9 月，根据中央十一届三中全会精神，收集资料重新调整陈列。内容设计由刘春萱负责，形式设计及摄影由殷鹤仙负责。

1980 年

8 月，著名画家姚钟华先生在馆创作《黄河》巨幅油画。

9 月，由殷鹤仙、刘春萱、王新民等摄影、编辑的《黄河》黑白图片集，由上海人民教育出版社出版发行。

1981 年

1 月，黄河展览馆殷鹤仙设计、编辑的《黄河风光》中英文对照彩色图集，由上海人民教育出版社出版发行。

1982 年

4 月 6 日，美国水文代表团参观黄河展览馆。

5 月 29 日，自甘肃省博物馆调入单耳彩陶壶、双耳红陶罐等 5 件文物。

6 月 9 日，共青团中央书记处书记周鹏程来馆参观。

12 月 16 日，山西晋中外办全体人员来馆参观，并题词“黄河巨龙的缩影”。

1983 年

3 月，黄河博物馆被河南省政府外事办公室、河南省旅游事业管理局评为“河南省外事旅游系统先进集体”。

8 月，黄河展览馆加入中国自然科学博物馆协会，刘春萱任协会理事。

9 月，为做好外事接待工作，河南省外办资助 1 万余元，购买 PSH-5 型柜式空调、分体式空调各 1 台。

1984 年

4 月 4 日，中国电视剧制作中心《黄水谣》编导组来馆参观、收集资料。

6 月 3 日，外交部老干部参观团来馆参观。

同日，巴基斯坦防洪代表团来馆参观。

同月，黄河展览馆印制了中英文《黄河》简介。

7 月，承办湖北艺术学院院长周韶华《大河寻源》画展并在河南省博物馆展出。

9 月，援助中国建设的葡萄牙专家巴洛苏来馆参观。

12 月，河南省博物馆学会成立，黄河展览馆成为团体会员，刘春萱任学会理事。

本年度，中日两国合拍 30 集《黄河》专题片，摄影、编导组数次来馆参观、收集资料。

1985 年

2 月 9 日，美国印第安纳州环境保护委员会专家帕特里克·豪斯布拉赫来信：“……我相信您们的黄河治理展览将更加闻名，我将以世界第一个 HYDRORAMA（水文协会）名义，把您们的展览向需要在水的无尽价值方面进行公共教育及专业评价的各国，作为唯一可供参考的范例进行宣传。”

4 月，在河南省博物馆举办著名画家周中孚《黄河万里图》画展。

4 月 20 日，四川人民广播电台黄河大型文艺节目创作组来馆参观。

5 月，北京画院陈维信、陈日新、宇文洲、余力民联合在黄河展览馆举办《黄河画展》。

6 月中旬，刘春萱副馆长带领职工姜钺、王宝钢，会同黄委设计院地勘总队工程师王克强、科技办副主任胡一三等同志，在山西省壶口瀑布下游左岸河槽三叠纪岩石层中，采回一具珍贵的“山西鳄化石”标本。

1986 年

3 月，举办“黄河摄影学习班”，学员共有 70 多人，除黄委系统人员外，河南省博物馆学会所属的会员单位（郑州、新乡、周口等地市）的博物馆也派人学习。

6 月至 9 月，为纪念人民治黄 40 周年，殷鹤仙、刘春萱等主持修改了水资源和防洪两部分展览内容。小电影改为录像，照片基本彩色化。

10 月 30 日，黄委副主任袁隆、水文局局长董坚峰、水文局总工陈赞廷陪同新华社著名记者周君谦来馆参观。

12 月 1 日，黄河展览馆加入中国博物馆学会地质专业委员会，成为中国博物馆学会团体会员。殷鹤仙当选为地质专业委员会理事。

1987 年

6 月，黄河展览馆更名为黄河博物馆，新馆名由舒同先生题写。

9 月 2 日，贵重文物暂存黄委公安处。

1988 年

1 月，黄委调整机构，黄河博物馆划归宣传出版中心管理，殷鹤仙同志任馆长。

5 月，殷鹤仙馆长主编、摄影的《黄河流域水土保持》，由上海教育出版社出版发行。

8 月 19 日，日本友人岸本嘉春、尾崎正已来馆参观并留言："感谢让我们参观黄河展览馆。祝勤劳的中国人民彻底治好大黄河。中日两国人民友好万古长生。"

12 月 2 日，我国台湾《大地地理》杂志社文字主编王美媛女士等一行来馆参观，并洽谈由本馆提供资料，协助在台湾办展事宜。

1989 年

3 月，由黄河博物馆提供资料并协助台湾《大地地理》杂志社举办的"黄河・黄土・黄种人"展览在我国台北市大地艺术中心展出。台湾地区主流媒体作了报道。展览以"飞览黄河""黄河行脚""功过祸福""黄河漂流"等为题目，构成气势磅礴的黄河图卷。展览风格别致、雅俗共赏，在台湾岛引起轰动。在观众强烈要求下，展览于 1989 年 9 月 17 日至 10 月 15 日移至台湾省立博物馆再度展出。

10 月，与黄委科教处、办公室合作参与水利部主办的"1989 北京国际水利展"，并具体承担了黄河部分的总体设计、综合版面设计和制作任务，其中综合版面获水利部"国际水展"一等奖。

10 月，全国政协副主席钱正英、水利部部长杨振怀参观北京国际水展黄河展区。

12 月，殷鹤仙馆长参与设计、编辑的《黄河流域地图集》由中国地图出版社出版发行（此书于 1991 年被评为"国家科技图书一等奖"）。

1990 年

4 月 26 日，首都记者黄河采访团来馆参观。

7 月，为配合黄河规划审定会议，由馆长殷鹤仙负责设计制作治黄小型展览版面。

12 月 5 日，刘春萱副馆长完成《黄河博物馆基本陈列大纲》的编写工作。

1991 年

3 月 8 日，中国水利工会主席吕保柱来馆参观并题词“治理黄河，为人民造福”。

4 月，黄河博物馆提出重建规划，黄委原则上同意。

5 月 1 日，参观接待组开始施行周日、节假日上班制度。

5 月 16 日，郑州市教委、金水区教育局在黄河博物馆隆重举行“郑州市中小学德育基地”挂牌揭幕仪式。

6 月，王建平完成《黄河博物馆文物标本征集大纲》的编写工作。同月，由黄委投资 100 万元、葛洲坝工程研究所制作的“小浪底水库模型”在黄河博物馆陈列。

8 月 9 日，上海作家协会副主席赵长天、上海电影制片厂编导宋福先、《收获》杂志社编辑谷白来馆参观并留言：“历史不会忘记黄河的建设者们，就像不会忘记黄河一样。”

9 月 8 日至 17 日，为配合中外女领导人、女企业家研讨会在三门峡举行，宣传人民治黄 45 周年，在三门峡市博物馆举办“治黄成就展览”，期间接待中外宾客 2100 人次，受到了女市长、女企业家的高度评价。

9 月 21 日，黄委下发《关于做好黄河水利文物保护工作的通知》（黄办〔1991〕47 号），要求由黄河博物馆具体负责及征集文物标本。

同月，殷鹤仙作为特邀摄影参与的《中国水利百科图集》由水利电力出版社出版发行。

10 月，李爱菊当选为河南省博物馆学会教育专业委员会理事。

12 月 13 日，黄委下发《关于黄河博物馆征集藏品的通知》（黄办〔1991〕59 号），征集黄河流域社会历史文物、自然历史标本及其他有科学、历史、艺术价值的实物资料。文件转发至各治黄基层单位并抄送水利部办公厅、河南省文物局、流域内各省水利厅、局。

12 月 30 日，江西横峰县博物馆所藏清代《治黄工程图》转交黄河博物馆收藏。

同月，殷鹤仙馆长任副总编辑，主持摄影、装帧设计的《黄河系列画册》由中国环境出版社出版发行。

1992 年

1 月至 6 月，为黄委设计、制作 3 幅巨型防洪工程挂盘模型。

4 月，首次组织全体职工到洛阳文博单位参观学习。

同月，新门票投入使用。

5 月 19 日，殷鹤仙馆长主持设计的“黄河流域防汛系统电子信息应用展览”参加在北京展览馆举行的“第二届全国电子信息展览”，获“先进展团奖”。

6 月，黄委拨专款 2 万元用于征集黄河博物馆重建规划方案。

4 月至 10 月，与黄委档案馆、黄河志总编辑室等单位合作，在济源、焦作的沁河五龙口、沁阳、博爱、武陟和小浪底水库淹没区及豫北原阳等地进行古代水利遗址、遗迹及文物调查。在郑州发现埋藏于地下 4 米的清代重要治黄文物“郑工合龙处碑”，邀请黄委水利科学研究院对碑基以下做静电探测试验，为研究当时埽坝堆积提供了重要线索。

11 月 18 日至 27 日，作为主要筹展单位，参与黄委、中国美协在北京中国美术馆举办“纪念毛泽东同志视察黄河四十周年黄河画展”，耿飚、侯宗宾、刘杰、杨振怀、中国美协常务书记雷正民等领导为画展剪彩。《人民日报》《光明日报》、中央电视台等相继作了报道。

1993 年

1 月，黄河博物馆划归黄委办公室管理。

4 月，“纪念毛泽东同志视察黄河四十周年黄河画展”再次在黄河博物馆展出，《河南商报》《郑州晚报》、省市电视台等媒体作了宣传报道。展出结束后，收藏“黄河画展”美术精品 117 幅，其中包括解放军艺术学院国画系主任刘大为教授（现为中国美协主席）的国画《黄河源头》、天津美术学院白庚延教授的国画《日暮长河急》、中央美术学院钟涵教授的油画《河上春秋》、中央戏剧学院周路石教授的油画《唐・黄河铁牛》、青海省美协主席左良的版画《龙羊高坝锁黄龙》、山西省美协主席董其中的版画《河魂》等一批名作。

9 月，在河南省济源市、台前县等地拓印《张愚箴墓志铭》《济渎记碑》、明代徐有贞《敕修河道功完之碑》等珍贵碑刻。

10 月，引进西安地质学院博物馆耗资 80 万元制作的“神秘的恐龙世界”展览。展出两个月，接待观众 1 万多人。

12 月，在黄河上游甘青地区征集到一批历史文物、自然标本，包括新石器时代马家窑文化、辛店文化、齐家文化、寺洼文化系列陶器、石器和宋代砖雕、治河碑刻拓片等珍贵文物以及多种珍贵化石和矿石标本。

1994 年

4 月至 5 月，参与黄委设计院组织的黄河历史洪水考察，采制古洪水遗迹土样标本 1 件。

9 月，殷鹤仙馆长参加中国博物馆学会地质专业博物馆委员会山东年会，并在山东山旺等地采集和征集鱼化石、三叶虫化石、树叶化石等标本 4 件。首次建立了文物标本库房。

同月，黄委事业单位改革三定方案，确定黄河博物馆为正处级，下设办公室、陈列研究室。

1995 年

1 月，提出“黄河故道水利文物查勘”项目，参与单位有黄河档案馆、黄河志总编辑室。刘春萱、贾国选为项目负责人，成员张汝翼、王建平、王梅枝。徐福龄、杨国顺、牛增奇担任项目顾问。

2 月 13 日，在河南黄河河务局、郑州邙金河务局配合下，“郑工合龙处碑”运抵黄河博物馆收藏。

3 月，设立文物资料专用库房并安装防盗设备。

4 月中旬，原存于黄委公安处的全部文物标本和部分图书资料归馆保管。

4 月 17 日，黄委主任綦连安、副主任庄景林及来自水利界、文博界、新闻界的领导、专家、代表共 70 余人欢聚一堂，庆贺黄河博物馆建馆 40 周年。

5 月，中共郑州市委宣传部、共青团郑州市委命名黄河博物馆为“郑州市青少年思想教育基地”。

6 月，收藏贺国林、乍启典、范孝武、刘荣芳等画家作品。

10 月 5 日至 9 日，协办中国博物馆学会地质博物馆专业委员会第十次学术研讨会。全国 34 个地质博物馆代表 67 人出席会议，属专业委员会成立以来人数最多、规模最大的一次研讨会。

12 月 4 日至 8 日，“黄河故道水利文物查勘”项目组刘春萱、杨国顺、王建平 3 人到河南新乡、濮阳及浚县、滑县查勘汉代至宋代黄河大堤和重大决口遗址，采集了汉代黄河大堤的夯窝标本、宋代瓷片标本。征集到龙山文化时期黑陶罐、宋金时期黄河大堤管理界桩碑埽堠碑、带孔河工石料等文物。

1996 年

1 月，黄委成立北京第二届“国际水利水电技术装备展览会”领导小组，殷鹤仙馆长任副秘书长，负责指导黄委所属各单位版面设计。

2 月，殷鹤仙馆长受黄委三门峡水利枢纽管理局邀请，实地考察并编写《黄河三门峡大坝陈列馆筹建建议书》（初稿）。

4 月 17 日至 5 月 8 日，“黄河故道水利文物查勘”项目组刘春萱、杨国顺、张汝翼、王建平、王梅枝对河南兰考东坝头以下至江苏滨海县境明清黄河故道、古淮河、运河等水利遗迹进行查勘，征集到明清运河闸铁质扣件、清代壬寅下南造穿孔河工砖、1946 年联合国救济总署赠送的铁锨、钢丝网片等一批水利文物。

6 月，水利部召开“黄河治理开发规划纲要”预审会议，黄河博物馆为黄委勘测规划设计研究院设计、制作的“黄河治理规划展览”在北京预审会上展出，得到与会者好评。

10 月，参加北京“第二届国际水利水电技术装备展览会”，黄委系统的展示内容得到广大中外观众的好评。

10 月 3 日，举办纪念人民治黄 50 周年“馆藏文物标本、黄河美术、书法、摄影、图书展览”，河南省副省长张以祥和著名水利专家、中科院院士张光斗参观了展览。

10 月 30 日，黄委将陕西省人民政府赠送的“秦始皇兵马俑铜车马复制品”等转交黄河博物馆收藏、展览。

10 月，外国驻华大使家属及子女专程来郑州黄河博物馆参观。

11 月，顺利通过郑州市委宣传部、市教委、团市委等部门组织的对原郑州市“中小学德育基地”和“青少年思想教育基地”的评比、验收，成为郑州市首批 20 个“爱国主义教育基地”之一。

11 月 25 日至 12 月 6 日，“黄河故道水利文物查勘”项目组刘春萱、杨国顺、张汝翼、王建平对河北馆陶以下至东光县的西汉故道及沿岸古城址、东汉、北宋部分黄河故堤进行查勘，收集了大量与河道有关的水利文物线索、水利志、县志、照片等资料。

12 月，黄委确定黄河博物馆为“黄河系统五个爱国主义教育基地”之一，并把建设现代化的黄河博物馆列入《1996 ~ 2000 年社会主义精神文明建设规划》纲要。

1997 年

1 月，按照国家文物局的要求，委托黄河有线电视台拍摄《黄河博物馆专题片》。10 月，审定后的专题片报送至国家文物局博物馆司。

3 月 25 日，与郑州铁路局教委、团委签订“共建爱国主义教育基地”协议。

4 月 12 日，收藏在山东省鄄城县董口乡发现的 5 块“橄榄古铜球粒陨石”和 1 件采自山东省泰安大汶口的三叶虫化石标本，其中陨石标本是 2 月 15 日山东菏泽地区东北部所降“陨石雨”的遗留物。

5 月，国家计委、水利部等部门审查黄委制定的《黄河治理开发规划纲要》，黄河博物馆设计制作的“黄河治理规划展览”随会议在北京京西宾馆展出。审查会期间，国务院副总理姜春云、水利部部长钮茂生和有关部门的领导同志参观了展览。

5 月 26 日，参加“黄淮海防汛会议”的代表 130 多人参观黄河博物馆，陕西省副省长王寿森、山西省副省长王文学、山东省副省长邵桂芳等沿黄淮海省区领导和水利部副部长周文智、黄委主任鄂竟平到馆参观。

7 月，黄河博物馆入选由中国文物学会、中国旅游协会、中国博物馆学会、中国风景名胜区协会编辑出版的《中国著名风景名胜旅游景点大全》一书，全书编入 300 个景区、景点。

8 月，“黄河故道水利文物查勘”项目组完成《黄河故道水利文物重点考察报告》。本月，殷鹤仙馆长带领职工王建平、张怀记、杜永庆等人在小浪底右坝肩附近采集到数段距今一亿年左右的硅化木化石标本。

8 月 18 日，由中国水利文学艺术协会、水利部精神文明建设指导委员会办公室、黄河水利委员会、河南省水利厅联合主办的“第二届全国水利艺术节美术、书法展览”在黄河博物馆隆重开幕。参展美术作品 100 幅、书法作品 110 幅。

10 月 10 日，以全国人大常委会委员、全国人大环境保护资源委员会副主任委员秦仲达为组长的全国人大水法检查组 20 余人到馆参观。本月，组织专家考察濮阳市文物部门发现的一处汉代石堤坝。

11 月中旬，黄委党组成员、办公室主任郭国顺主持召开会议，研究博物馆改建（重建）方案。会议决定：黄河博物馆在原址上改建（重建），继续征集能够体现民族风格和黄河特色的设计方案。

1998 年

2 月 27 日，黄委在黄河博物馆举行了“黄河系统‘爱国主义教育基地’挂牌揭幕典礼”，黄委副主任、精神文明建设指导委员会主任李国英，黄委直属党委副书记王灿勋参加仪式。

5 月 6 日，以中国国际广播电台副台长孔令保为团长、副教授张书毅为领队，由日本、法国、孟加拉国、俄罗斯、巴基斯坦、土耳其等国的高级记者、学者组成的“专家记者团”在河南省政府新闻办公室主任任子厚等河南新闻界同行的陪同下，参观黄河博物馆。

5 月 14 日，原台湾地区国民党高层人士林洋港先生一行 30 人到馆参观。

7 月 5 日，专程来郑州了解黄河断流、黄河水资源问题的中科院 6 位院士在黄委副主任李国英的陪同下参观黄河博物馆。本月，黄委拨专款 6 万元用于博物馆重建设计方案征集。

10 月 25 日至 11 月 3 日，殷鹤仙馆长带领职工王建平、杜永庆等人，在黄河上游甘青地区拍摄资料，征集到一千万年以前洮河流域完整的鬣狗、野猪、羚羊等古生物头骨化石标本 5 件以及一批黄河干流坝址岩芯标本。

1999 年

1 月 29 日，水利部部长汪恕诚在黄委主任鄂竟平的陪同下到馆参观。汪部长指出：黄委在加强社会主义精神文明建设时，要把水利系统这个博物馆建设好。汪部长还强调要征集一些文物标本，并在展览中适当增加实物。随同汪部长参观的有水利部副部长张基尧、水利部办公厅主任顾浩和黄委办公室主任郭国顺等。

3 月 29 日，黄委下发了《关于征集黄河水利文物标本的通知》。

4 月，黄河博物馆重新划归黄委宣传出版中心（2002 年更名为黄委新闻宣传出版中心）管理。

7 月，黄河博物馆入选由国家文物局与中国画报社联合编辑出版的大型文献专题画册《中国博物馆》。

9 月 20 日至 26 日，国家计委、中宣部、经贸委、财政部、统计局、北京市政府在北京展览馆联合主办“光辉的历程——中华人民共和国建国 50 周年成就展”，黄委为水利部主要参展单位，观众达 80 万人次，国务院总理朱镕基、中央军委副主席张万年等领导人参观了水利展区。黄河博物馆参与水利展区黄河部分的筹展工作，还派出专职讲解员 5 人次，到北京担负水利展区讲解任务。

10 月，印制建馆以来第一种介绍本馆情况的简介册页。

11 月 12 日至 15 日，水利部在北京展览馆举办了“1999 年北京国际水利技术装备展览会”，黄河博物馆为黄河展区主要设计单位，荣获“最佳设计奖”和“优秀组织奖”。开幕式结束后，全国人大常委会副委员长姜春云在水利部部长汪恕诚的陪同下，到黄河展区参观。13日晚，国务院副总理温家宝、全国人大常委会副委员长布赫、全国政协副主席陈俊生等领导到黄河展区参观，并称赞黄河展区搞得好、有新意。黄河展区独具匠心的展板设计、丰富的展出内容、黄河流域数字地图玻璃地台吸引了数万名中外观众。殷鹤仙、王建平、张怀记、董金玉、邓红、薛华、王保钢、车雁若等人受到黄委嘉奖。

11月中旬，黄委党组成员、办公室主任郭国顺主持召开办公会，研究博物馆改建（重建）方案。本月，收藏山西大学美术学院教授谢述先的油画《大河之光》《黄河古镇》。

12月7日，邀请河南省文物局局长常俭传、著名文物考古专家许顺湛、河南博物院院长张文军、治黄专家徐福龄、黄河水利出版社原副总编杨国顺等专家在黄河博物馆召开黄河文物征集研讨会。

12月中旬，为庆祝澳门顺利回归祖国，黄河工会举行了“黄河儿女喜迎澳门回归”纪念签名活动，黄委机关、河南黄河河务局、黄委设计院、黄委水文局、黄委水科院等单位职工4000人参加了签名活动，经黄委研究，签名横幅由黄河博物馆永久珍藏。

本月底，在“1999年北京国际水利技术装备展览会”上引起轰动的黄河流域数字地图玻璃地台安装到黄河博物馆展厅。

2000年

1月，利用“建国50周年成就展”和“1999年北京国际水利技术装备展”（黄河展区）的模型、展板，在博物馆布置新的综合陈列厅。

3月12日，泰国公主诗琳通在黄委副主任廖义伟陪同下来馆参观，诗琳通公主用中文题写留言：治黄河为人民。廖义伟副主任将泰国公主赠送的王室专用银制书签一枚转交黄河博物馆永久收藏。

4月，会同黄河档案馆人员前往河南长垣调查黄河大堤出土的1866年（清同治五年）长垣创修土埝碑并进行了拓片。

5月，作为行业博物馆的代表，参加了国家文物局在北京召开的全国博物馆工作会议。

6月，王建平任副馆长。

9月14日至22日，水利部、国家电力公司、长江三峡工程开发总公司等单位主办的第二十届国际大坝会议在北京国际会议中心召开，大会同时举办“中国水利水电建设成就和国内外水利水电技术展览会”，黄河博物馆作为黄河展区的主要设计单位参加了本次展览。

11 月，王建平主持博物馆工作。

12 月 17 日，埃塞俄比亚水利部部长贾索一行 6 人在黄委副主任黄自强的陪同下参观黄河博物馆。贾索对黄委在黄河治理开发中取得的巨大成就表示敬佩，并在留言簿上留言："这是我所看到的世界上最好的总体规划，我们学到了许多经验，我国将借鉴这些经验。"

2001 年

3 月 9 日，中国黄河文化经济发展研究会举办的"第一届黄河文化生态环保万里游驾车旅行赛组委会新闻发布会"在黄河博物馆举行，研究会会长、中国首任驻美大使柴泽民，常务副会长、中国前驻日本大阪领事千昌奎及沿黄省市的官员、代表、有关新闻媒体记者与会。

6 月 7 日，中国台湾地区国民党高层人士郝柏村先生一行到黄河博物馆参观，郝柏村先生在留言簿上留言："绿化黄土高原是整治黄河的持久任务。"

7 月 6 日，郑州市第四十七中学"暑期黄河水文、生态考察夏令营"开营仪式在黄河博物馆举行。

9 月 18 日至 21 日，水利部举办的"北京国际水利技术装备展览会"在北京农展馆展出，黄河博物馆承担了黄委展区总体设计和委属各单位展出组织任务，荣获"优秀展示奖""优秀组织奖"两项大奖。开展后，黄委展区观众如潮，展出 4 天参观人数近 8 万人次。水利部汪恕诚部长、张基尧副部长、中纪委驻水利部纪检组组长李昌凡等领导对黄委展区给予高度评价，特别对"黄河防汛抢险演习幻影成像"高科技展示给予高度肯定。黄委组织大批技术人员进京观展，黄委领导李国英、陈效国、黄自强、徐乘、廖义伟、石春先、苏茂林、郭国顺等先后参观了"国际水展"。撤展后，及时将"黄河防汛抢险演习幻影成像"和展览版面运回黄河博物馆安装。

11 月 2 日，黄委主任李国英、办公室主任郭国顺等专程到黄河博物馆调研，对黄河博物馆的工作给予高度肯定，并就博物馆重建工作和征集建筑设计方案提出了明确要求。

本年度，黄河博物馆征集了三门峡、故县坝址岩芯标本，山东汶河支流大清河上的戴村坝（明代）填充料及木桩标本、防汛抢险设备充气袋、塞囊等实物，并扩大了文物库房面积，制作一批书画柜并安装了红外报警装置。

2002 年

1 月，为水利部机关选送黄河流域景观石，水利部将黄委选送的河南洛阳“牡丹石”定名为“黄河星菊”。黄委选送流域景观石工作得到水利部汪恕诚部长的好评与赞扬。

1 月至 3 月，举办《世界珍稀蝴蝶展》，展出的蝴蝶标本有 800 多种，汇集了世界各国的国蝶。《大河报》、河南电视台、《郑州晚报》、郑州电视台等多家媒体对展览进行了报道。

3 月，黄河博物馆被共青团中央、全国青联授予“第二批中国青年科技创新行动教育基地”荣誉称号。在苏州石刻博物馆征集到北宋石刻《地理图》（其中有黄河流路、决口改道等情况）拓片。

4 月上旬，上海现代建筑设计（集团）有限公司和清华大学建筑设计研究所为黄河博物馆设计的 4 套重建方案完成，上海现代建筑设计（集团）有限公司还制作了 2 套建筑模型。上海方案由上海现代建筑设计（集团）有限公司总建筑师邢同和先生设计。北京方案由清华大学建筑设计研究所副所长许懋彦先生设计。

5 月，为郑州市第四十七中学培训 16 名业余讲解员，对宣传母亲河起到很好的作用，此举得到《大河报》《郑州晚报》《黄河报》等媒体的赞扬。18 日，设计制作了“让世界了解黄河，让黄河走向世界”的宣传版面，首次参加了河南省直文博单位在郑州文博广场举行的“国际博物馆日”宣传活动。

6 月，根据《新闻出版中心直属单位职能配置、机构设置和人员编制方案》，黄河博物馆下设办公室、收藏陈列研究部、社会教育部。在机构改革中，聘任王建平为馆长、赵斌为副馆长。

7 月，通过黄委办公室向河南省文物局协调水利文物征集事宜，得到河南省文物局的大力支持。

8 月 12 日至 23 日，在黄委机关大楼首次公开展示历年征集的 12 套博物馆重建设计方案（含模型），征求黄委职工的意见和建议。

8 月 31 日至 9 月 4 日，由河南省书法家协会主办的“河南省第十一届群众书法展览”在黄河博物馆举行。

9 月 11 日，黄委主任办公会专题研究博物馆重建问题，提出博物馆新馆设计方案主要应符合三个要求：一是博物馆所处的地理位置，所选方案应满足四周及空中多维视角的景观要求；二是博物馆的外观色调不能飘浮，应以雄浑基调为主，能够表现出黄河厚重历史，同时，也要有使黄河治理与开发全面走向现代化的寓意；三是要满足便于陈列实物和游人参观等基本要求。根据以上原则，黄委主任办公会原则上同意上海现代建筑设计（集团）有限公司总建筑师邢同和先生设计的一号方案。

9月19日至11月8日，由全国人大环境与资源保护委员会、国家环保总局、全国政协人口资源环境委员会、中国摄影家协会、黄委新闻宣传出版中心主办，黄河博物馆承办的“关护母亲河——惠怀杰大型摄影艺术展”在黄河博物馆展出。

10月，经河南省房屋安全鉴定总站检测，黄河博物馆展厅建筑已构成整幢危房。24日，黄委总工程师薛松贵主持召开《黄河博物馆危房改建工程项目建议书》审查会，黄河博物馆和设计单位在审查意见的基础上，修改并完善了《黄河博物馆危房改建工程项目建议书》并上报水利部。

11月，黄委职工侯玉忠无偿捐赠24件文物，包括新石器时代石器、瓷器、铜器、镏金器等。

12月8日，郑州工程学院工商管理系2001级学生在博物馆举行“青春在绿色工程中闪光——保护母亲河，再造秀美河山”为主题的宣传活动。

2003年

3月至5月，受“非典”影响闭馆。

3月10日，黄委向郑州市发函（《关于为重建黄河博物馆给郑州市人民政府的函》），协调黄河博物馆建设。

4月，黄河博物馆在河南省内黄县调查了解黄河故道汉代村落遗址考古发掘情况。

5月，水利部审查通过《黄河博物馆危房改建工程项目建议书》，并于7月正式批复，确定了建设地点和投资规模。

7月，在河南渑池征集到1843年黄河历史上最大一次洪水刻记碑一通。

8月14日，河南文物局副局长孙英民、河南博物院院长张文军、河南博物馆原馆长任常中、郑州市博物馆馆长谢遂莲等专家对黄河博物馆新馆馆址进行了考察论证，黄委确定在郑州市迎宾路与花园路交叉口东北角建设新馆。

同月，在甘肃黄河上游水文局征集了黄河水文测量说明章一枚。

10月，新增水资源管理与调度、调水调沙等陈列内容，承办《三条黄河建设展览》（2003年10月至2004年5月）。

11月，承办了殷鹤仙“黑河摄影展”（2003年11月至2004年5月）。

2004年

3月，承办“世纪大象根雕艺术展”（2004年3月至8月），《大河报》《郑州晚报》《河南商报》《黄河报》、河南电视台、郑州有线电视台等多家媒体进行了宣传报道。

4 月，根据新馆地址变化，邀请上海现代建筑设计（集团）有限公司邢同和先生设计 3 套新馆建筑方案，组织业务人员考察苏、沪、杭等地区的博物馆。

5 月 13 日至 18 日，河南省文物局、河南省工会联合举办“商都杯”讲解员大赛，邓红取得英语组第七名和汉语讲解二等奖的成绩。

5 月 18 日至 21 日，参加了中国博物馆学会、中国自然科学博物馆协会首次举办的“2004 北京国际博物馆及产品博览会”和“博物馆馆长论坛”活动。

6 月，邀请河南博物院专业人员编写馆藏文物整理、修复计划。

同月，水利部原副部长张含英家属将张含英珍贵手稿、读书笔记、任命书、各种获奖证书、奖章奖杯、印章、录像带、历史图片资料、原国务院总理李鹏给张含英的题词以及张含英留存的水利图书等无偿交由博物馆收藏。

7 月，承办黄委“第三次黄河调水调沙大型图片展览”并在黄委机关大楼展出。

9 月 28 日，河南省委书记李克强在黄委主任李国英、郑州市委书记李克等陪同下到黄河博物馆新馆址视察。

同月，承办黄委“黄河源区暨南水北调西线工程科学考察纪实”展览并在黄委机关大楼展出。在黄河博物馆举办“中国古代农耕文化展”（2004 年 9 月至 12 月）

10 月 24 日，郑州市科学技术局在黄河博物馆隆重举行了“郑州市科普教育基地”授牌仪式。

12 月 1 日，参加水利部“水利利用外资研讨会”的世界银行、亚洲银行代表一行 40 余人来馆参观。31 日，黄委在新馆址举行了盛大的开工典礼仪式。

同月，在黄委机关大楼举办“三条黄河建设摄影展览”。

本年度，黄河博物馆荣获“郑州市爱国主义教育基地工作先进单位”“新闻宣传出版中心调水调沙先进集体”。朱卫东同志被评为“黄委宣传工作先进个人”。

2005 年

1 月，编写《黄河博物馆新馆建设方案设计任务说明书》。

3 月，为拍摄一部关于黄河水利工程的专题片，集中展现黄河治理成就及宏大工程，中国香港最大的电视机构——中国香港无线电视台（TVB）记者两次到馆收集资料。

4 月，协助黄委防办承办“全国防汛抗旱新技术新产品展示会”。

5 月 1 日至 7 日，举办“西安秦始皇兵马俑工艺品展”。

6 月，接收原存放在郑州惠金黄河河务局院内的六通水利碑刻、两块“壬寅上南造”河工砖、大王庙“保障荥河”匾额以及郑工合龙碑碑亭砖、瓦等文物，组织人员完成拓片工作。

7 月，黄河水利职业技术学院将黄河博物馆作为“德育教育基地”。

9 月，黄河博物馆主要业务人员参加了新闻宣传出版中心组织的黄河中游业务考察并收集文物信息。

10 月 18 日，水利部部长汪恕诚在黄委主任李国英、办公室主任郭国顺的陪同下到黄河博物馆参观并在新馆址调研。

同月，河南省青少年科技活动领导小组命名黄河博物馆为第三批“河南省青少年科技教育基地”。

11 月 6 日，河南中医学院“阳光青年志愿者”在黄河博物馆举办“阳光青年志愿者驻黄河博物馆活动启动仪式”，活动的主题是：“阳光携手黄河博物馆，共同传播黄河文化”，230 余名大学生参加了活动仪式。

同月，中国自然科学博物馆协会在上海召开“纪念中国自然科学博物馆成立 25 周年暨学术研讨会”，王建平馆长被评为协会“先进工作者”。

12 月 10 日，在黄委机关大楼举办“见证历史——黄河博物馆建馆 50 周年回顾展”，赵博同志主持并设计此项展览工作。16 日，组织“新馆陈列大纲专家初审会”。20 日，黄委主任李国英、副主任徐乘带领有关同志到水利部向汪恕诚部长专题汇报新馆建筑设计方案。30 日，组织召开建馆 50 周年座谈会。

本年度，董金玉荣获“郑州市爱国主义教育基地先进个人”。

2006 年

1 月 17 日，黄委李国英主任主持召开新馆建筑设计方案审查会。新址方案吸收了原址方案的优点和水利部汪恕诚部长的意见，基本体现了黄河博物馆的特点。

3 月，中共河南省委高校工委、河南省教育厅在河南省爱国主义教育基地中遴选了 100 个社会影响大、教育价值大、基础好的单位确定为“河南省大中小学生德育基地”，黄河博物馆成为其中之一。28 日，水利部水规总院组织审查《黄河博物馆危房改建工程初步设计》。

4 月 4 日，国家发改委陈家源处长一行在黄委副主任苏茂林陪同下来馆参观并对新馆址进行调研。18日，与河南中医学院针灸推拿学院“阳光青年志愿者协会”签订了合作协议。

4月26日至29日，黄河博物馆作为黄河展区设计单位参加了在北京农展馆举行的“2006中国水博览会”，赵博同志主持博物馆博览会展区设计工作。荣获“最佳创意设计奖”“优秀组织奖”。黄河展区以新颖的创意设计、精心的制作取得了良好的展示效果，成功宣传了“维持黄河健康生命”治河新理念、“三条黄河”建设、调水调沙、小北干流放淤试验、黄河国际论坛、黑河调水等黄委“十五”主要成就，展示了黄委新形象。展会期间，水利部部长汪恕诚，副部长翟浩辉、胡四一，水利部原部长、中国水利学会五届理事会理事长杨振怀，黄委主任李国英，长江委主任蔡其华等专家领导都专程到黄河展区参观。

同月，新闻宣传出版中心骆向新主任、王建平馆长、人文学者张真宇等业务人员考察苏、沪、杭等地博物馆。

5月1日至7日，黄河博物馆和清泰公司科普馆联合举办“海底总动员——大型海底珍稀鱼类展”。

5月10日至12日，组织专业人员到开封黄河河务局调查水利文物，征集到包括河工砖、灯台碱、蓑衣、船锚、马灯、杆秤、1946年联合国救济总署赠送的防汛电石灯、铁锨等近现代黄河水利文物、标本20多件。

5月18日，围绕2006年国际博物馆日的主题“博物馆与青少年”制作展板开展活动，并由“青年志愿者”讲解。

5月24日，组织专业人员到孟州黄河河务局调查水利文物，该局向黄河博物馆赠送《柳石枕捆抛技术》《黄河号子》《黄河河工》等光盘。

6月7日至11日，王建平馆长、特邀专家张真宇等一行6人到山西运城和陕西渭南开展文物考察和征集工作。

7月20日，新闻宣传出版中心主任骆向新主持召开新馆陈列大纲专家咨询会，河南博物院院长张文军，河南省文学院原院长孙广举，河南省社科院考古所所长、《黄河文化》杂志主编张新斌，黄委专家侯全亮、苏铁，人文学者张真宇等专家参会。

9月10日至20日，王建平馆长随中国自然科学博物馆协会考察北欧芬兰、瑞典两国自然科学类博物馆。

9月17日至19日，赵斌副馆长带队参加在北京举办的“2006年中国博物馆及相关产品与技术博览会”、博物馆馆长论坛。

11月15日，王建平馆长和张怀记到武汉考察武汉江夏电力系统退休干部郑立国先生创作的《黄河万里行图》，并商谈了捐赠事宜。

11 月 29 日至 30 日，组织到开封市郊区铁牛村拓制镇河铁犀铭文及石刻碑文各 2 套。

12 月 8 日，郑立国先生向黄河博物馆捐赠《黄河万里行图》，武汉江夏区委宣传部举行了隆重的捐赠仪式，王建平馆长等有关同志专程到武汉参加仪式，并向郑立国先生颁发了荣誉证书。

12 月 13 日至 17 日，王建平馆长一行 4 人赴河北承德了解“清代康熙、乾隆二帝在避暑山庄治理黄河有关谕旨”等黄河水利文物情况。

2007 年

2 月 1 日，黄委党组成员、黄河工会主席郭国顺主持召开新馆陈列方案专家咨询会。北京博物馆学会陈列艺术委员会主任、中国地质博物馆展览部副主任陈开宇，北京自然博物馆副馆长饶成刚，中国自然博物馆协会原副秘书长楼锡祜，浙江大学人文学院严建强教授，河南博物院院长张文军等专家参加咨询会。

4 月，与北京全景国家地理影视有限公司合作，设计制作“新馆建筑设计和陈列内容”三维虚拟现实互动演示系统。

5 月初，黄委下发《关于在全河开展黄河水利文物工作的通知》（黄办〔2007〕12 号），随文下发的《黄河文物标本征集管理办法》（试行），是全国水利系统第一个有关水利文物的标准和规范。

5 月 16 日，国家文物局局长单霁翔在黄委总工程师薛松贵、河南省文物局局长陈爱兰、黄委办公室副主任陈维达等陪同下到新馆建设工地考察。

5 月 17 日，王建平馆长一行 5 人赴河南省长垣县调查水利文物，拓制民国时期《重修滑县老安堤记》石碑拓片 1 套。

5 月 29 日，接收黄委王庆伟同志捐赠的一批青藏高原地区珍贵动物标本及藏族日常礼佛法器及其他文物。

同月，积极响应郑州市教委的号召，免费为青少年开放。

6 月 28 日，为纪念黄河漂流成功 20 周年，郑州电视台邀请了当年黄漂队的部分队员在黄河博物馆陈列大厅录制纪念“黄漂 20 周年”访谈节目。

同月，新馆主体建筑封顶。

7 月 5 日，水利部原副部长敬正书来馆参观。

9 月，在黄河网上发布《黄河博物馆新馆主题雕塑设计方案征集公告》，征集到北京、湖北、江苏等地的雕塑设计单位和个人设计方案 10 套。本月，在西安碑林博物馆征集《黄河图说碑》《黄河三界图》及《黄河残图》拓片各1套。河南省粮食局姚伦湖先生捐献1958年黄河大洪水抢修黄河大桥架设浮桥纪念章1枚。

10月，在山东济南天桥河务局调查了解标准化堤防建设出土的黄河神兽情况。在河南范县与山东莘县交界处高堤口村拓制《培修金堤纪念碑》拓片1套。委派薛华、朱卫东参加第三届国际黄河论坛，为论坛展览讲解并收集资料。

11月20日，黄委主任李国英、副主任徐乘带领有关同志专程到北京向水利部原部长汪恕诚汇报黄河博物馆内部装修与陈列规划纲要，汪恕诚对陈列主题“华夏国脉——黄河巨龙的缩影”予以肯定。

同月，组织专业人员到天津图书馆调研黄河图，发现了一批重要文物线索，通过协商购买该馆收藏的四册清代黄河图照片底版。

本年度，黄河博物馆成为河南省中医学院、郑州电子信息职业技术学院、郑州铁路职业技术学院“爱国主义教育基地”。

2008年

2月，博物馆旧馆陈列版面提升改造，赵博同志主持此次陈列改版主要设计工作。

3月，被河南省关心下一代工作委员会、郑州市关心下一代工作委员会、金水区关心下一代工作委员会共同命名为“青少年教育基地”。

4月，王建平馆长入选第三次全国文物普查专家库名单。

5月，黄河博物馆成为郑州航空工业管理学院“素质教育基地”。

6月，黄河博物馆被中共金水区委宣传部、共青团金水区委命名为“金水区爱国主义教育基地”。由王建平、薛华编写的科普著作《黄河概说》一书由黄河水利出版社出版发行，该书入选国家图书采购工程项目。董海亮、朱卫东同志参加黄委第八次调水调沙拍摄工作，朱卫东同志获黄委嘉奖。

8月，讲解部职工在在黄委举办的“创新技术产品展示会”上担任讲解和主持工作。

10月，征集到河工专用砖、修筑大堤专用工具、1958年黄河大洪水老照片以及台北故宫博物院珍藏的黄河图复制品等文物标本，被共青团河南省委命名为“河南省青少年教育基地”，被郑州市教育局首选为“郑州市中小学生社会实践活动基地”。

11月，与郑州市铁道警官高等专科学校、黄委会小学签订了“爱国主义教育基地”“素质教育基地”共建协议，并举行了挂牌仪式。

11 月 29 日，新闻宣传出版中心副主任荆东亮与黄河博物馆业务人员参观北京“2008 博物馆及相关产品与技术博览会”并收集资料。

12 月 12 日，黄河博物馆组织专业人员参观考察“2008 年中国（芜湖）科普产品博览交易会”。

2009 年

5 月 22 日，黄委召开专题会议研究新馆建设装修、陈列等有关问题，落实陈列经费。

5 月 25 日至 28 日，博物馆参加由郑州市教育局主办、郑州教育电视台承办的“郑州教育博览会暨第一届郑州教育服务大会”。赵博同志主持设计此次大会的陈列布展工作。3 天时间，将近 6 万人参观黄河博物馆展区。

6 月 2 日，黄委主任李国英专程到新馆建设工地检查指导工作，要求“全力把黄河博物馆打造成一项精品文化工程”。

6 月 7 日，全国政协副主席、原文化部部长孙家正在河南省政协主席王全书、黄委主任李国英陪同下到新馆工地视察。

7 月 21 日，华北水利水电学院在黄河博物馆隆重举行“爱国主义教育基地”“土木与交通学院暑期社会实践基地”挂牌仪式，华北水利水电学院党委副书记许琰、新闻宣传出版中心主任骆向新等领导出席仪式。河南电视台、《河南日报》、郑州电视台、《黄河报》、黄河电视台等多家媒体对挂牌仪式进行了宣传报道。

7 月 25 日至 8 月 16 日，“自然之友”河南小组邀请北京专家朱秀荣两次在黄河博物馆为河南志愿者培训。

8 月 6 日，组织考察河南内黄三杨庄汉代黄河故道古村落遗址。

9 月中旬，王建平馆长借到中国台湾地区参加海峡两岸多泥沙河流管理与治理学术研讨会之际，专门到台北故宫博物院商谈复制清代治黄图档事宜。

同月，郑州市教委命名黄河博物馆为“郑州市中小学校外教育基地”。

10 月，接收治黄专家史辅成先生收集的反映黄河特大洪水泥沙遗迹珍贵图片 20 余张以及文物标本 2 件。

11 月，承担河南省文物局河南段黄河水利文物调查项目。在三门峡进行文物普查工作中，发现目前唯一一处 1843 年黄河特大洪水泥沙遗迹，向黄委提交《关于对 1843 年黄河特大洪水泥沙遗迹尽快进行保护的请示》，黄委也专门致函河南省文物局协商保护。

12 月，黄委命名黄河博物馆为“黄河爱国主义教育基地”。

同月，新闻宣传出版中心任命张怀记同志任副馆长。

同月，宁夏回族自治区政协副主席、宁夏大学校长陈育宁参观博物馆。

2010 年

1 月 19 日，在著名治黄专家史辅成先生的协调下，黄河设计公司档案馆将一批珍贵的黄河碑刻拓片资料、黄委设计院水文泥沙所慕平教授送交的小浪底古洪水沉积物沙样标本、史辅成教授主编的《黄河历史洪水调查、考证和研究》《黄河流域洪水调查资料》及《黄河流域暴雨和洪水》等资料转交黄河博物馆收藏、陈列。史辅成先生还将自己从 20 世纪 50 年代以来收集珍藏的有关黄河洪水图片、奏折、文献等一套完整资料以及《黄河历史洪水调查、考证和研究》手稿转赠黄河博物馆收藏。

5 月 14 日，黄委党组成员、工会主席郭国顺与新闻宣传出版中心主任骆向新、副主任荆东亮、博物馆馆长王建平等，参观考察新建成的河南省地质博物馆并进行交流。

5 月 28 日，黄委主任李国英、新闻宣传出版中心主任骆向新、博物馆馆长王建平等专程到北京向国家文物局领导汇报黄河博物馆新馆建设工作，协调文物事宜。

6 月 17 日，国家文物局批复了《关于请支持黄河博物馆征集文物展品的函》（文物博函〔2010〕523 号），并下发天津、河北、江苏以及沿黄省区文物局及国家博物馆等单位。

6 月 25 日，王建平馆长作为辽宁省环境保护厅特邀专家参加辽河博物馆建设专家咨询会。

同月，完成《走进博物馆》（中国自然博物馆协会成立 30 周年系列丛书，中英文对照）黄河博物馆有关撰稿任务。

7 月 25 日，黄委组织召开《黄河博物馆陈列展览实施方案》专家审查会。

8 月 10 日，黄委举行“王国安先生捐赠黄河奇石”仪式，王国安先生向黄河博物馆捐赠黄河奇石 235 块。黄委领导李国英、徐乘、郭国顺等出席仪式，李国英主任作重要讲话。

9 月，全部馆藏文物标本安全转运至黄河设计公司档案馆保存。

10 月 13 日，黄委下发《关于黄河博物馆陈列展览实施方案的批复》（黄规计〔2010〕98 号）。

11 月 22 日，招标公司在中国政府采购网、中国采购与招标网、黄委采购网等发布《黄河博物馆陈列布展工程项目招标公告》。王建平馆长作为全国文物普查专家组成员，参与国家文物局组织的广西壮族自治区文物普查验收工作。

12 月，馆藏水利碑刻全部搬迁至新馆址。

本年度，复制河南濮阳市档案馆所藏的《民国黄河工程图》，全年征集文物标本 50 余件。完成《河南段黄河水利文物调查工作报告》。

2011 年

1 月，宁夏水利厅邀请王建平馆长参加宁夏水工博物馆建设专家咨询会。

同月，接收黄委水文局收集的测速仪等黄河水文器具 18 件、河南水文水资源局收集的温湿度计等黄河水资源检测器具 11 件。

同月，社教部同志编撰新馆讲解词。

4 月，组织专业人员到河南沿黄地市、北京、天津、武汉、浙江绍兴、河北黄骅等地了解、收集新馆所需文物资料。征集到《黄河花园口复堤工程局职员目录》《废田还湖及倒淮入海黄河河务会议丛刊》《华北水利月刊》、陕西韩城司马迁祠“敕修同州韩城灵源庙王碑”拓片、郭沫若题词碑拓片、黄河历史洪水淤积情况图片、《清明上河图》（复制品）、《黄河花园口堵口纪念册》等文物标本资料 40 件。国家博物馆为黄河博物馆复制明代潘季驯《河防一览》全图。

8 月，黄委职工政研会和黄河文化研究会召开研讨会，邓红、张怀记、薛华三同志的论文分别获得二、三等奖。

9 月 9 日，江苏省启东市委常委、宣传部部长赵南南、副市长倪春元一行到馆进行水利博物馆建设考察。

10 月，王建平馆长到京参加国家文物局、中国文物报社组织的第三次全国文物普查“百大新发现”专家评选工作，并作为特邀专家为入选的“其他类文物”撰写介绍和点评文章。（《第三次全国文物普查百大新发现》（国家文物局编，文物出版社，2011 年 11 月））

11 月 20 日，新馆五大主体工程通过验收。

11 月 22 日，黄河博物馆承担的“河南段黄河水利文物调查项目”，通过河南省文物局文物普查专家组验收。专家组组长、河南省文物局原局长杨焕成建议，应将这项有利于保护黄河文化和古代文化遗产的成果出版，以利其他单位或个人使用，同时黄委应就黄河流域水利文物普查向国家提出专项课题，积极申请国家项目并开展工作。

2012 年

3 月 10 日，黄河博物馆新馆陈列布展工作开始。

4 月，向黄委主要领导汇报新馆陈列内容，对陈小江主任提出的意见及时修改、完善。张怀记副馆长带领陈列部同志专程到山东、内蒙古、甘肃、河南等地征集文物标本，如水质检测仪器、镇河神兽、胡杨木标本等。从黄河档案馆复制、借调一批资料用于新馆陈列。

5 月，讲解部职工参加河南省第二届讲解员大赛复赛，取得了“优秀讲解员”的称号。组织业务人员编写了 2.1 万字的新馆陈列讲解词，并完成英文稿和日文稿翻译工作。

6 月，接收水利部副部长李国英赠送的原中共中央办公厅主任杨尚昆书写、国家主席毛泽东批示的《关于召开治黄工作会议请示》复印件 1 份。

7 月，完成著名水文专家《王国安先生捐赠黄河奇石集》的编排、设计、文字校对等工作，开馆前出版发行。

8 月，文物标本、书画、奇石等资料安全搬迁到新馆库房，对特别重要的文物标本（山东莱芜三叶虫化石、山西壶口鳄鱼化石、甘肃和政剑齿象象牙化石等）进行修复。完成《黄河形成》三维动漫、《民族摇篮》大型壁画、黄河下游河道模型以及黄河物理模型电视片编辑和配音工作。暂存在黄河档案馆，包括欧阳中石、沈鹏、张海等书法名家作品在内的 100 多幅珍贵书法作品转归黄河博物馆收藏。

9 月，接收汤清海先生捐赠的百米黄河长卷《华夏黄河图》。接收水利部副部长李国英赠送的《九省运河泉源水利情形图》1 件。

9 月 15 日，黄河博物馆新馆基本陈列布展工作全部完成。

9 月 20 日，完成临时展厅“王国安捐赠奇石展”和“馆藏书画精品展”布展工作。

9 月 27 日，黄委举行盛大的新馆开馆仪式，徐乘副主任主持仪式。水利部副部长胡四一，河南省委常委、副省长刘满仓，黄委主任陈小江，国家文物局政策法规司司长李耀申，华北水利水电学院院长严大考，中国自然博物馆协会副理事长赵有利，水利部国科司司长高波，河南省文化厅厅长杨丽萍，河南省博物院院长张文军，河南省文物局处长康国义，中国水利博物馆馆长张志荣，河南省水利厅厅长王树山，小浪底建管局党委书记张善臣，黄委副主任廖义伟，纪检组长李春安，黄委副主任、总工程师薛松贵以及水利部相关司局，黄河水利职业技术学院，郑州市委宣传部，郑州博物馆，长江博物馆，郑州市惠济区负责同志以及黄委各单位和部门干部职工代表、社会各界群众

300 余人参加开馆仪式。

10 月 11 日，治黄专家、百岁老人徐福龄来馆参观，并留下“黄河一览”的题词。

10 月 17 日，接收水利部副部长李国英赠送的蒙古族服饰 1 套。

11 月，《黄河博物馆陈列展览项目》顺利通过 2013 年中央新增项目专家组审查。

2013 年

2 月，建设黄河博物馆网站，并与百度百科合作打造网上博物馆，选择 50 件具有黄河特色的藏品，作为网站推介内容。

3 月，基本陈列“华夏国脉——黄河巨龙的缩影”通过河南省文物局组织的专家组评选，荣获“2012 年度河南省优秀陈列展览”，并被推荐参加国家文物局年度“十佳陈列精品展览”评选。

4 月 1 日，中国香港特别行政区政府教育局组织的“同行万里”高中生内地交流活动，在河南仅选择黄河博物馆和开封清明上河园两个地方，组织 330 人到馆参观。

4 月，接收水利部副部长李国英赠送的《李仪祉先生画像》（油画）1 件。

5 月，王建平馆长和朱卫东到兰州考察黄河水车项目。

6 月，接收水利部原部长钮茂生赠送的国画《民族之魂》1 件。

7 月，河南财经政法大学学生在黄河博物馆进行暑期“义务志愿者”活动，并把黄河博物馆作为河南财经政法大学会计学院社会实践教育基地。

8 月，开展河南省文物局全国第一次可移动文物普查项目黄河博物馆范围内工作。30 日，接收西泠书画院沈明权、中国画院鞠占圃等书画家作品 13 件。

9 月，与郑州黄河湿地自然保护区管理中心等多家单位共同举办“亲近黄河走进湿地保护生态共享文明”主题系列文化活动，在馆内举办“大自然的精灵——野生鸟类科普摄影展”，接收河南省高浮雕传承第一人李仁清先生捐赠的浮雕拓片 126 件。

10 月，讲解员孙琦同志受聘担任兰考焦裕禄干部学院教师。

11 月，在博物馆园区进行大禹雕塑和黄河水车安装。

12 月初，完成黄河博物馆对中英文域名（中文域名：黄河博物馆 .com 及英文域名：yellowrivermuseum.com）和无线网址、通用网址的注册登记，同时在国际顶级域名数据库中记录。薛华翻译的日本学者吉冈义信著作《宋代黄河史研究》获黄委治黄著作出版资金资助，由黄河水利出版社出版发行。

2014 年

2 月，河南省文物专家组对馆藏文物进行首次鉴定与定级，定级馆藏文物 132 件（不含自然标本、珍贵历史图片和音像制品），其中一级文物（珍宝类）3 件，二级文物（珍贵文物）9 件，三级文物 32 件，一般文物 88 件。

3 月，建成黄河博物馆网站并链接到黄河网。

6 月 24 日至 25 日，王建平馆长在上海参加中国文化建筑设计与运营高峰论坛。

7 月3日，北京市西城区区委书记王宁带队的黄河考察团参观黄河博物馆。

7 月 4 日，考察黄河流域水资源管理经验的世界银行南亚可持续发展管理局郝伯特・埃库先生及来自印度、孟加拉国、缅甸等南亚国家的水利专家和官员一行参观黄河博物馆。

7 月 14 日，95 岁高龄的原中国国民党高级人士、我国台湾地区前行政机构负责人郝柏村一行 14 人来馆进行参观、座谈。郑州市政协副主席吴晓君，市委统战部副部长、台办主任潘新红等陪同参访。

8 月 13 日，新任黄委新闻宣传出版中心主任李肖强来馆调研工作。

同月，完成中国自然科学博物馆协会首次年鉴黄河博物馆内容撰稿工作。

9 月 18 日，首都博物馆、河南博物院为在京举办“饮水思源——南水北调中线工程展览”，借用黄河博物馆 3 件文物标本。

2015 年

1 月 6 日，湖南省长沙市开福区区委常委、宣传部部长杨应龙一行就建设湘江博物馆事宜来馆调研。同月，焦裕禄干部学院将黄河博物馆作为现场教学点并授牌。由中国香港特别行政区政府教育局主办，中国香港青年联合会组织的“同行万里”爱国主义教育活动把黄河博物馆定为重点接待单位，多次组织香港中学生来馆参观。

3 月 27 日，中国法学会会长、原中央政治局委员、政法委副书记王乐泉来馆参观。

4 月 15 日至 6 月 5 日，黄河博物馆举办了“纪念黄河博物馆建馆 60 周年馆藏书画艺术品展览”。

5 月 29 日，新闻宣传出版中心向黄委报送《关于增加黄河博物馆黄河文化研究与交流中心职能的请示》。

6 月 9 日，中纪委驻水利部纪检组组长田野一行来馆参观。

8 月 5 日，黄委、大河报社、中国邮政集团公司河南省集邮分公司等部门联合主办的第 67 期大河集邮论坛——“黄河魂·中原情《黄河》特种邮票发行座谈会”在黄河博物馆举行。

8 月 14 日，黄委组织黄河博物馆主体建筑与绿化配套设施工程验收。

8 月 15 日，全国政协常委、民建中央副主席周汉民，河南省政协副主席龚立群，河南省人大常委张晓林等一行参观博物馆。

8 月 20 日，黄委批复《关于黄河博物馆加挂“黄河文化研究与交流中心”牌子》（黄人劳〔2015〕336 号），决定黄河文化研究与交流中心与黄河博物馆实行一套人马，两块牌子。

8 月 23 日，《黄河》特种邮票隆重发行，中国邮政集团郑州市分公司向黄河博物馆捐赠黄河邮票《中原黄河画卷》邮票卷轴。

9 月 11 日，澳门特别行政区政府代表团来馆参观。

9 月 12 日至 10 月 7 日，举办“郑州首届欢乐嘉年华——侏罗纪恐龙展”。

9 月 23 日至 24 日，王建平、丁宏伟在杭州参加“中国自然科学博物馆协会 2015 年年会暨动物艺术研讨会”。

10 月 9 日，华北水利水电大学水文化研究中心主任马建琴一行来馆调研博物馆建设。

10 月 17 日，全国政协社会和法制委员会副主任、中国残联副主席王新宪一行来馆参观。

11 月 2 日，中组部干部四局局长李春良，水利部部长、党组书记陈雷，黄委新任主任、党组书记岳中明，水利部办公厅主任刘建明等领导来馆参观。

11 月 10 日，北京海淀区中学生“寻民族之根，品文明之魂”游学活动近 400 名师生来馆参观。

2016 年

1 月 20 日，黄河水利委员会岳中明主任陪同中组部干部四局副局长吴钢运、水利部副部长田学斌及水利部考核组一行莅临指导工作。

4 月，参加了由郑州市教育局在中牟基地主办的校外教育博览会。

5 月，与河南省武警总队直属支队签署了“军民友好共建单位”。

6 月 29 日，“黄河文化研究与交流中心”正式挂牌，黄河文化建设工作迈出坚实步伐。

7 月 30 日，策划组织了“弘扬黄河文化展示黄河力量、黄河情英雄颂——共筑中国梦、迎八一军民共建联谊会”，著名书画大师陈献洲先生夫妇、著名国画大家白狼先生为黄河博物馆赠送了书画作品。

7 月 31 日，与仓颉文化传播公司合作，举办了“黄河情·民族魂——海峡两岸民俗文化美食嘉年华”活动。

9 月 19 ~ 21 日，参加了由武汉市政府、长江委和武汉大学联合举办的“大河论坛”武汉论坛和世界《大河流域博物馆合作备忘录》签字仪式。

9 ~ 10 月，完成了水利部原副部长张含英治黄纲要手稿的复制和馆藏油画的修复保护工作。

10 月，黄河博物馆获得河南省首批“水利科普教育基地”称号。

10 月 1 日，举办“纪念人民治黄 70 年馆藏艺术品展”，展出时间两个多月，效果良好。

11 月，完成黄委布置的东营市政府“黄河文化馆”建设前期陈列方案设计、咨询、审核等工作。

12 月 1 日，水利部水情教育基地考核组莅临指导工作。完成国家水情教育基地申报及专家来馆考察复核工作。

积极参加纪念人民治黄 70 周年征文活动，黄河博物馆 2 人获得新闻宣传出版中心征文一等奖。

2016 年，博物馆获得“十二五”期间黄委安全生产“先进集体”。

2016 年 3 月 16 日至 2017 年 3 月 15 日，加强新媒体传播力度，将黄河博物馆展览资讯发送到上海多棱镜网络科技公司和《中国文物报》合办的《博物馆——看展览》微信平台，同时建立了黄河博物馆微信公众平台并上线运行。

在中心领导的精心指导和黄委支持下，以 BOT 模式推进黄河博物馆土地资源开发、合作建设黄河书院、筹划黄河非物质文化遗产展览、设计黄河课程等项目。

2017 年

3 月 15 日，黄河博物馆被水利部确定为“国家水情教育基地”。

3 月 23 日，在武陟第一黄河河务局征集到河道行船锚犁。

4 月，为加强黄河文化研究与交流工作，在黄河博物馆增设“文化研究部”。

6 月 1 日，与河南红色文化教育基地（宣传）股份有限公司合作，在黄河博物馆临时展厅进行“红色文化宣传”系列展览活动，展览通过大量的图片、实物和珍贵文献资料，建成河南省“红色文化宣教基地”。

7 月 7 日，接待了参加国务院台办重点交流项目、由中国法学会主办的“第二届两岸青年法律交流研修班”的30多位台湾地区法学界中青年学者。

8月9日，在郑州召开了“黄河文明与中华民族伟大复兴”专家座谈会，会议邀请刘庆柱、李伯谦、赵德润、朱士光、张希清等数十位国内著名人文学者、考古专家和有关学科带头人，共话黄河文明理论构建，深入挖掘黄河文明的丰富内涵，探讨传承发展黄河文化，巩固黄河文明在中华文明中的核心地位，进一步发挥黄河文明在提升中华民族凝聚力、向心力中的作用，促进黄河流域生态保护和经济社会可持续发展、助力中华民族伟大复兴等问题。

8月29日，全国人大环资委副主任委员夏宝龙（原浙江省委书记）一行到馆参观。

9月，根据与河南省非物质文化遗产保护中心签署的协议，在黄河博物馆第五展区进行国家级非物质文化遗产“黄河号子”展览。

9月16日，黄河博物馆被郑州市教育局确定为“郑州市中小学校外教育实践基地”。

10月，在黄河博物馆园区举办了“七彩风车嘉年华”和“大型恐龙展”等展览活动。

10月15日至11月15日，按照黄委财务局审核批复的《黄河博物馆安全设施改造项目》要求，新闻宣传出版中心组织了政府采购招投标，对黄河博物馆进行了施工改造。

11月，黄河博物馆参加了在杭州召开的全国水利博物馆责任与创新座谈会，会议成立了全国水利博物馆联盟，确定黄河博物馆为副主任单位。

12月，为了更好地保护文物原件，复制了黄河博物馆收藏的清代黄河图、奏折等文物。同时通过多种途径，广泛开展与黄河有关文物信息的收集工作，相继入藏开封申成明先生捐献的云碱、河工砖及黄委甘宝恩先生捐献的黄河治河名人印章、印章图谱及书法作品等。

2018年

3月，积极配合黄委完成东营黄河文化馆展陈资料收集、展览文字审定等相关工作，东营黄河文化馆已于5月底顺利开馆。

3月，在“世界水日”“中国水周”期间，在黄河博物馆微信公众号开展“你点赞，我讲解——走近母亲河”活动，首次尝试发挥新媒体在宣教方面的作用。

3～5月，积极推动新闻宣传出版中心移动新媒体建设，组织完成黄河博物馆360度VR展示项目的拍摄与调试；组织完成15个“历代治河名人”

内容编写及“三维动画”制作审查工作。

3月28日，黄河博物馆作为协办单位参与了第二届“思博杯”科技节活动，在郑州市上街区中心小学现场进行宣传讲解，2000多名师生参与活动，取得很好的宣传效果。

5～6月，在黄委和新闻宣传中心组织的“中国梦·劳动美”为主题的职工演讲比赛中，王立婷同志获新闻宣传出版中心一等奖和黄委“优秀奖”。

5月10日，原中共中央政治局常委、第十一届全国政协主席贾庆林到馆参观。

6月7日，河南省委书记王国生到馆参观。

6月15日，水利部副部长陆桂华一行到馆参观。

9月2日，黄委国科局与黄河博物馆联合举办了首届“黄河文化暨海峡两岸水利青年交流营”，活动以“青春黄河，携手同行”为主题，促进了两岸学生代表及教育界人士对中华文化、中华民族的认同感，加深了对黄河以及中原文化的了解。

9月29日，黄河博物馆被郑州市关工委命名为“青少年教育基地”。

10月，在新郑“好想你校外实践基地”参加了郑州市校外教育工作暨第二届校外教育课程博览会。讲解员通过展板介绍对郑州市与会中学学生以及郑州市盲聋哑学校的孩子们进行了主题为“了解认识母亲河”的知识普及，取得了良好的效果。

10月底，黄河博物馆被教育部正式命名为“全国中小学生研学实践教育基地”。此次被授予的“全国中小学生研学实践教育基地”共有377家，河南省有河南博物院、黄河博物馆等8家单位获此殊荣。

10月10～12日，参加了全国水利博物馆联盟第二次年会，并在会上交流了题为《铁肩道义述水情 华章无曲亦精彩——黄河博物馆宣传教育工作》的材料。

10月28～30日，博物馆参加了武汉市政府召开的第二届“大河论坛”活动，通过“大河论坛”与世界上的其他水博物馆相互交流了情况，了解了世界水博物馆当前的发展动态。

11月25日，中国法学会副会长兼秘书长鲍绍坤、河南省法学会会长刘满仓一行到馆参观。

2019年

3月，博物馆应邀参加郑州市上街区小学“第三届科技节活动”，陈列部赵博设计制作专题展示展板，社教部在“世界水日”“中国水周”期间开展以“惜水、爱水、节水从我做起”和“我心中的母亲河”为主题的宣传活动。

3月1日，利用园区场地引进“恐龙展”“蝴蝶美猴展”等临时性科普展览。活动期间，参观人数剧增。

3月27日，欧盟中国经济文化委员会工作人员一行到馆参观。

4月1日，河南省委书记王国生到馆参观指导工作。

5月，与河南省教育厅、河南教育时报社等单位联合开展河南省首届最美孝心少年“走近母亲河 感恩父母情”研学活动。

5月2日，全国政协副主席、国家发展和改革委主任何立峰一行到馆参观。

5月9日，“黄河文明博物馆建设专家咨询会”在郑州圆满召开，黄委主任岳中明、郑州市市长王新伟出席会议。葛剑雄、刘庆柱、李伯谦、安来顺等24位国内著名文化学者、知名专家围绕黄河文明博物馆建设相关事宜展开研讨咨询，会议达到预期效果。

5月10日，原中央政治局委员、中国法学学会会长王乐泉到馆参观。

8月，按照黄委和中心的要求，陈列部认真策划博物馆展陈设计工作，设计人员多次设计调整展览版面。将习近平总书记16字治水方针、重要讲话精神、中央历代主要领导关心黄河、新时代水利改革发展总基调、黄河水量统一调度20年等治黄重大主题进行了相应调整设计，突出政治意识、核心意识。

8～9月，在黄委和新闻宣传出版中心组织的“我和我的黄河”为主题的职工演讲比赛中，王立婷、白若冰两名同志分别获中心第一、二名，并列一等奖，王立婷同志在黄委演讲比赛获得第三名。

8月11日，河南省委书记王国生到馆参观指导。

8月23日，利用网络等媒介平台，积极收集与黄河有关的文物信息，相继征集张含英编《黄河志》一册（民国）及河南黄河测量基点（石质）一件。

8月30日，河南省人民政府陈润儿省长一行到馆参观指导。

9月4日，中央精神文明建设指导委员会副主任郭金龙、全国人大常委会副委员长张平到馆参观。

9月17日，习近平总书记在水利部部长鄂竟平、河南省书记王国生、省长陈润儿和黄委主任岳中明的陪同下，来到黄河博物馆参观考察。为了迎接习近平总书记的到来，我们按照水利部和黄委党组要求，在上级各部门的大力支持和指导下，黄河博物馆以强烈的政治责任感和饱满的工作热情，发扬连续作战的优良作风，统筹协调、严密组织、精心筹备，高质量地完成大量基础工作，圆满完成这次接待任务，并获得黄委嘉奖。习近平总书记的博物馆之行，得到社会各界的广泛关注，新闻媒体对此进行集中报道，黄河博物馆瞬间人气爆棚，迅速成为“网红打卡地”，单日最高参观量达到了 1821 人次，平均参观人数比往年同期增长近 10 倍。

9 月 18 日，文化旅游部部长雒树刚一行到馆参观。

9 月 25 日，共青团中央书记处书记、全国少工委主任傅振邦到馆参观。

10 月，参与黄委关于《黄河流域生态保护和高质量发展规划》的编写工作，并上报水利部纳入《黄河流域生态保护和高质量发展规划纲要》，同时在河南省文旅厅进行了《黄河文化保护、传承、弘扬专项规划大纲》编写上报工作。

10 月 12 日，全国政协常委、文化文史和学习委员会副主任、原战略支援部队政委刘福连上将一行到馆参观。

11 月 6 日，最高人民检察院原检察长贾春旺到馆参观。

11 月 14 日，共青团中央书记处书记齐巴图到馆参观。

11 月 21 日，全国人大常委会副委员长、民建中央主席郝明金一行到馆参观。

11 月 27 日，全国政协副主席苏辉一行到馆参观。

12 月 24 日，中国外交部驻外使节团 18 位驻外大使、参赞到馆参观、考察。

10 月 25 日，参加全国水利博物馆联盟活动，在会上宣讲习近平总书记来馆考察参观和主持黄河流域生态保护与高质量发展座谈会重要讲话精神的认识感受以及黄河博物馆所做的工作。

12 月 9 日，黄河博物馆加入“全球水博物馆网络”联盟，成为国内第四家加入“全球水博物馆网络”的博物馆。

12 月 10 ~ 11 日，参加水利部宣教中心组织的黄河文化座谈会暨水文化工作研讨会。

12 月 23 日，黄河博物馆加入黄河流域博物馆联盟，参加联盟黄河文化保护传承弘扬研讨会，并在央视录制节目“黄河之水天上来国宝音乐会”。

本年度，依托“国家水情教育基地”“全国中小学生研学教育实践基地”，积极开展研学教育相关工作，设计制作新的“研学教育课程”，努力完成好作为研学基地的职责。在与一些中小学校、新闻媒体开展“迎祖国 70 华诞，巡黄河前世今生”“小记者看黄河”“走进母亲河”系列研学活动中，黄河博物馆精心设计的活动内容得到一致好评。

本年度，黄河博物馆共接待参观人员超过 11.2 万人次、参观团队近 1300 批次、省部级以上领导 117 人次。其中，9 月 18 日以后到馆参观 5.2 万余人次、团队近 900 批次、省部级以上领导 57 人次。接待人数和批次均超过往年同期 6 倍以上。

2020 年

1 月 12 日，河南省委副秘书长、政研室主任郝常伟等一行到馆参观。

1 月 13 日，河南省政协十二届三次会议海外侨胞团一行到馆参观。

1 月 15 日，黄委副主任苏茂林陪同中组部检查组到馆参观指导。

1 月 18 日，黄委主任岳中明陪同河南省省长尹弘、副省长武国定、省政府秘书长朱焕然及省水利厅厅长孙运峰一行到馆参观指导。

2 月，《黄河博物馆陈列展览提升项目可行性研究报告》开始进入策划、资料收集整理及报告编写准备阶段。

2 月底，受新型冠状病毒肺炎疫情影响，博物馆暂时闭馆。

3 月，黄河国家博物馆建设前期工作有序推进。黄委与河南省、郑州市共同开展了相关调研，进行了选址查勘，围绕博物馆功能定位、地址、建设规模、展陈框架等编制了《黄河国家博物馆建设方案纲要（草案）》。

4 月，馆藏国家一级文物郑工合龙处碑顺利迁移至展厅内，实现了珍贵文物与观众的近距离接触。

4 月 17 日，黄委副主任苏茂林陪同山东省副省长于杰到馆参观。

4 月 29 日，黄委纪检组长孙高振陪同水利部纪检组一行到馆参观指导。

5 月，原博物馆鲤鱼雕塑重新回归，与黄河水车、大禹像等园林景观融为一体，共同构成了黄河博物馆室外景观一道亮丽的风景线。

5 月 18 日，在第四十四个“5・18”世界博物馆日来临之际，黄河博物馆重新开馆并举办走进社区、走进学校等一系列宣教活动，普及黄河知识。

5 月 21 日，河南省委副秘书长、办公厅主任吉炳伟一行来到黄河博物馆实地调研指导工作。

新馆开馆以来重要参观团队一览表

（2012 年 9 月至 2020 年 5 月）

序号	时间	重要参观团队名称
1	2012 年 9 月 28 日	黄河国际论坛代表
2	2012 年 9 月 29 日	河南省水利厅王树山厅长一行
3	2012 年 10 月 11 日	治黄专家、百岁老人徐福龄及家属
4	2012 年 11 月 5 日	水利部科技司高波司长一行
5	2012 年 11 月 7 日	黄河水资源调度研讨会代表
6	2012 年 11 月 8 日	陕西人大法工委
7	2012 年 12 月 20 日	钱塘江管理局
8	2012 年 12 月 26 日	中国香港新界青联会
9	2012 年 12 月 27 日	水利部水资源司副司长陈晓冰一行
10	2013 年 1 月 7 日	三峡集团公司原副总经理袁国林，水利部科教司原司长戴定忠等一行
11	2013 年 1 月 8 日	内蒙古自治区王玉明副主席及 13 位厅局级领导
12	2013 年 3 月 27 日	水利部办公厅原主任顾浩一行
13	2013 年 3 月 30 日	水利部办公厅陈茂山副主任等
14	2013 年 4 月 1 日	中国香港特别行政区政府教育局、中国香港青年学生联会组织的 330 名高中生“同行万里”内地交流活动
15	2013 年 4 月 9 日	青海省水利厅陈兴龙厅长一行
16	2013 年 4 月 10 日	中国农林水利工会副主席王君伟、水利工作部部长王林林
17	2013 年 4 月 13 日	首都医科大学杨凤池教授
18	2013 年 4 月 17 日	水利部财务司原司长魏炳才一行
19	2013 年 4 月 17 日	发改委价格司周望军副司长、水利部财务司吴文庆司长等
20	2013 年 4 月 24 日	原山东省政协副主席李殿魁等
21	2013 年 4 月 24 日	国家发改委
22	2013 年 5 月 2 日	河南省文化厅副巡视员孙鹏一行
23	2013 年 5 月 18 日	国家海关总署孙毅彪副署长一行
24	2013 年 5 月 21 日	中国台湾地区“水利署”总工曹华平等
25	2013 年 5 月 22 日	河南省直工委书记李恩东等

序号	时间	重要参观团队名称
26	2013 年 5 月 24 日	水利部财务司副司长裴宏志等
27	2013 年 6 月 6 日	原河南省人大常委会副主任王文超、原省政协副主席刘其文、省旅游局局长苏福功等
28	2013 年 6 月 20 日	中央第三巡视组组长、原中组部副部长、中直机关工委书记孙晓群等
29	2013 年 6 月 26 日	北京西城区人大调研团
30	2013 年 7 月 15 日	水利部原副部长敬正书等
31	2013 年 7 月 18 日	水利部督察组高尔坤司长、副组长张学俭巡视员
32	2013 年 8 月 9 日	朝鲜国家气象水文局
33	2013 年 8 月 18 日	武警河南总队直属支队
34	2013 年 8 月 31 日	河南自然之友联盟
35	2013 年 9 月 17 日	文化部中国文化传媒公司党委副书记杨守民一行
36	2013 年 11 月 6 日	水利部办公厅王韩民副主任等
37	2013 年 11 月 7 日	水利部干部培训班
38	2013 年 11 月 8 日	淮委副巡视员周志强一行
39	2013 年 11 月 21 日	黄委劳模
40	2014 年 2 月 14 日	武警河南总队直属支队
41	2014 年 2 月 17 日	新疆伊犁河流域管理局张文胜副局长一行
42	2014 年 3 月 17 日	河南文化产业研究院院长戴松诚一行
43	2014 年 4 月 17 日	山东省水利厅
44	2014 年 5 月 16 日	水利部办公厅颜庭国处长一行
45	2014 年 5 月 18 日	山西水利职业技术学院李振兴书记一行
46	2014 年 5 月 20 日	中央党校庞正元教授一行
47	2014 年 6 月 27 日	中国香港特别行政区教育局
48	2014 年 7 月 3 日	北京市西城区委书记王宁，区委常委、区委办主任郭怀刚，区人大副主任王功伟，副区长姜立光等一行
49	2014 年 7 月 5 日	河南省公安厅

序号	时间	重要参观团队名称
50	2014 年 7 月 5 日	郑州市规划局
51	2014 年 7 月 6 日	世界银行考察团
52	2014 年 7 月 14 日	中国台湾地区前行政机构负责人郝柏村一行
53	2014 年 7 月 17 日	黄委外事工作会议代表
54	2014 年 7 月 23 日	淮委档案馆
55	2014 年 7 月 23 日	黄河三门峡枢纽管理局
56	2014 年 8 月 9 日	河海大学书记党委朱拓等
57	2014 年 8 月 23 日	河南省接待办
58	2014 年 9 月 2 日	广西凌云县人民政府伍奕蓉县长一行
59	2014 年 9 月 4 日	新疆伊犁州水利局
60	2014 年 10 月 13 日	亚行代表团
61	2014 年 10 月 29 日	黄委 2014 新招录人员培训班
62	2014 年 10 月 31 日	武汉大学水电学院实习队
63	2014 年 11 月 20 日	虢国博物馆
64	2014 年 11 月 28 日	《新华每日电讯》谢国记总编辑等
65	2014 年 12 月 4 日	珠江委宣传中心
66	2014 年 12 月 8 日	河南省财政专员
67	2014 年 12 月 9 日	珠江委黄远亮副主任一行
68	2015 年 1 月 6 日	长沙市开福区区委常委、宣传部部长杨应龙一行
69	2015 年 1 月 8 日	美国建金森学院郑州大学考察团
70	2015 年 1 月 9 日	郑州市人大副主任、市文物局原局长闫铁城一行
71	2015 年 1 月 27 日	河南省旅游集团、德国时代周刊记者等
72	2015 年 2 月 6 日	水利部人事司段虹副司长一行
73	2015 年 3 月 1 日	中国自然科学博物馆协会
74	2015 年 3 月 27 日	中国法学会会长、原中央政治局委员、政法委副书记王乐泉，河南省副省长刘满仓一行

序号	时间	重要参观团队名称
75	2015 年 5 月 11 日	水利部老干局凌先有局长一行
76	2015 年 5 月 25 日	水利部原副部长张含英家属
77	2015 年 6 月 9 日	中纪委驻水利部纪检组组长田野一行
78	2015 年 7 月 10 日	吉林大学孙正聿教授一行
79	2015 年 8 月 9 日	水利部水文化研讨会代表
80	2015 年 8 月 15 日	全国政协常委、民建中央副主席周汉民，河南省政协副主席龚立群，河南省人大常委张晓林等一行
81	2015 年 8 月 27 日	《黄河十年行》考察团汪永晨、徐海亮一行
82	2015 年 9 月 11 日	中国澳门特别行政区政府代表团
83	2015 年 10 月 17 日	全国政协社会和法制委员会副主任、中国残联副主席王新宪一行
84	2015 年 11 月 2 日	中组部干部四局局长李春良，水利部部长、党组书记陈雷，黄委新任主任、党组书记岳中明，水利部办公厅主任刘建明等领导来馆参观
85	2015 年 11 月 10 日	北京海淀区中学 400 名师生“寻民族之根，品文明之魂”游学活动
86	2016 年 1 月 20 日	中组部干部四局副局长吴钢运、水利部副部长田学斌及水利部考核组一行
87	2016 年 1 月 20 日	山东省副省长赵润田一行
88	2016 年 1 月 21 日	郑州实验高中学生
89	2016 年 3 月 17 日	武警总队郑州支队黄延平政委一行
90	2016 年 3 月 29 日	郑州八一联合国际学校学生
91	2016 年 5 月 21 日	国务院参事室孙立处长一行
92	2016 年 5 月 23 日	辽宁省考古所吴炎亮所长及辽宁省博物馆刘宁副馆长
93	2016 年 6 月 18 日	武警部队政委孙思敬上将一行
94	2016 年 7 月 8 日	韩国国土交通部相关人员
95	2016 年 11 月 10 日	河南省省直党校 48 期干部进修班
96	2016 年 11 月 26 日	新西兰阿什伯顿市长一行
97	2017 年 1 月 17 日	中国水科院蒋超、张汝翼
98	2017 年 2 月 20 日	宁夏自治区水利厅纪检书记王振升及宁夏水利博物馆副馆长陆超一行

序号	时间	重要参观团队名称
99	2017 年 2 月 22 日	山东水利厅党组书记刘中会一行
100	2017 年 2 月 22 日	长江水利委员会长江年鉴社社长王宏一行
101	2017 年 3 月 9 日	中国摄影家协会王悦副主席一行
102	2017 年 3 月 13 日	中国博物馆协会会员浙江博物馆馆长陈浩、浙江自然博物馆馆长严洪明、中国丝绸博物馆书记蔡琴、中国煤炭博物馆副馆长胡高伟及山西博物院副院长张慧国一行
103	2017 年 3 月 21 日	天津博物馆原馆长陈克一行
104	2017 年 4 月 11 日	中国航天科技集团一行
105	2017 年 4 月 22 日	中国农林水利工会主席一行
106	2017 年 5 月 15 日	青海省政府副秘书长一行
107	2017 年 6 月 7 日	青海玉树自治州委宣传部一行
108	2017 年 6 月 7 日	宋庆龄基金会会长习姣姣一行
109	2017 年 7 月 7 日	接待参加国务院台办重点交流项目、由中国法学会主办的“第二届两岸青年法律交流研修班”的 30 多位台湾地区法学界中青年学者。
110	2017 年 7 月 11 日	孟加拉国驻中国大使一行
112	2017 年 8 月 17 日	南京水利科学院院长、中国工程院院士、英国皇家工程院外籍院士张建云一行
113	2017 年 8 月 29 日	全国环资委副主任委员（原浙江省委书记）夏宝龙一行
114	2017 年 8 月 31 日	河南省党氏宗亲联谊会会长党中选一行
115	2017 年 12 月 2 日	河南商报小记者“黄河行”志愿讲解培训班
116	2017 年 12 月 21 日	河南省文明办创建处调研员赵鲁鹤一行
117	2017 年 12 月 26 日	河南省民政厅原厅长孙培新、平顶山学院张清廉院长一行
118	2018 年 1 月 25 日	孟加拉国发展委员会一行
119	2018 年 3 月 22 日	财政部驻河南办事处专员一行
120	2018 年 4 月 18 日	印度比哈尔邦水利部部长代表团一行
121	2018 年 5 月 10 日	原中共中央政治局常委、第十一届全国政协主席贾庆林
122	2018 年 6 月 2 日	中国人民解放军总装备部科学技术委员会原主任李安东上将

序号	时间	重要参观团队名称
123	2018 年 6 月 7 日	河南省委书记王国生
124	2018 年 6 月 15 日	水利部副部长陆桂华一行
125	2018 年 8 月 8 日	河南省政协副主席周春燕、环资委副主任姜俊及省发展和改革委副主任王红等一行
126	2018 年 8 月 14 日	中水淮河规划设计研究有限公司原董事长万隆一行
127	2018 年 9 月 2 日	黄河文化暨海峡两岸青年交流营一行
128	2018 年 10 月 12 日	安庆市副市长孙高振
129	2018 年 10 月 25 日	呼和浩特市副市长周强
130	2018 年 11 月 25 日	中国法学会副会长兼秘书长鲍绍坤、河南省法学会会长刘满仓一行
131	2019 年 3 月 27 日	欧盟中国经济文化委员会一行
132	2019 年 4 月 1 日	河南省委书记王国生到馆参观指导
133	2019 年 5 月 2 日	全国政协副主席、国家发改委主任何立峰一行
134	2019 年 5 月 10 日	原中共中央政治局委员、中国法学学会会长王乐泉
135	2019 年 6 月 11 日	“聚焦黄河生态带”媒体采访团一行
136	2019 年 6 月 24 日	全国人大河南省代表调研团一行
137	2019 年 6 月 27 日	老挝水利部部长一行
138	2019 年 6 月 29 日	伊拉克巴德尔组织一行
139	2019 年 6 月 30 日	斯里兰卡考察团一行
140	2019 年 7 月 24 日	民政部副部长唐承沛
141	2019 年 8 月 11 日	河南省委书记王国生
142	2019 年 8 月 30 日	河南省人民政府陈润儿省长一行
143	2019 年 9 月 4 日	中央精神文明建设指导委员会副主任郭金龙、全国人大常委副委员长张平
144	2019 年 9 月 16	水利部部长鄂竟平
145	2019 年 9 月 17 日	中共中央总书记、中央军委主席、中国国家主席习近平
146	2019 年 9 月 18 日	文化旅游部部长雒树刚一行
147	2019 年 9 月 25 日	共青团中央书记处书记、全国少工委主任傅振邦

序号	时间	重要参观团队名称
148	2019 年 10 月 12 日	全国政协常委、文化文史和学习委员会副主任、原战略支援部队政委刘福连上将一行
149	2019 年 11 月 6 日	最高人民检察院原检察长贾春旺
150	2019 年 11 月 14 日	共青团中央书记处书记齐巴图
151	2019 年 11 月 21 日	全国人大常委会副委员长、民建中央主席郝明金一行
152	2019 年 11 月 27 日	全国政协副主席苏辉一行
153	2019 年 12 月 13 日	最高人民法院党组副书记、副院长江必新，河南省委常委、政法委书记甘荣坤，河南省最高人民法院院长胡道才一行
154	2019 年 12 月 24 日	中国外交部驻外使节团 18 位驻外大使、参赞
155	2020 年 1 月 9 日	中央编办四局副巡视员辜明、四处副处长尹春生到馆参观指导
156	2020 年 1 月 12 日	河南省委副秘书长、政研室主任郝常伟等一行到馆参观
157	2020 年 1 月 13 日	河南省政协十二届三次会议海外侨胞团一行到馆参观
158	2020 年 1 月 15 日	黄委副主任苏茂林陪同中组部检查组到馆参观指导
159	2020 年 1 月 18 日	黄委主任岳中明陪同河南省省长尹弘、副省长武国定、省政府秘书长朱焕然及省水利厅厅长孙运峰一行到馆参观指导
160	2020 年 2 月 26 日	河南省政协副主席高体健、副秘书长张广东一行到馆参观指导
161	2020 年 4 月 17 日	山东省副省长于杰到馆参观
162	2020 年 4 月 27 日	河南省文旅厅厅长姜继鼎、青旅投资有限公司总经理彭德成一行到馆参观
163	2020 年 4 月 29 日	中国建筑设计研究院总规划师、建筑历史研究所名誉所长陈同滨到馆参观
164	2020 年 4 月 29 日	黄委纪检组长孙高振陪同水利部纪检组一行到馆参观指导
165	2020 年 5 月 21 日	河南省委副秘书长、办公厅主任吉炳伟一行来到黄河博物馆实地调研指导工作

黄河博物馆历史沿革一览表

<table>
<tr><th>年度（年·月）</th><th>名称</th><th>隶属</th><th>负责人</th><th>任职时间（年·月）</th><th>说明</th></tr>
<tr><td>1955.01−1957.06</td><td>治理黄河展览会</td><td>黄河总工会</td><td>王镇山</td><td>1955.01−1957.06</td><td>韩俊臣任副主任</td></tr>
<tr><td rowspan="2">1957.07−1960.03</td><td rowspan="2">治黄陈列馆</td><td rowspan="2">黄河水利委员会办公室</td><td>韩俊臣</td><td>1957.01−1957.12</td><td></td></tr>
<tr><td>贾仰民</td><td>1958年初−1960.03</td><td>1958年初与《黄河建设》编辑部合并为宣传科</td></tr>
<tr><td rowspan="7">1972.05−1987.06</td><td rowspan="7">黄河展览馆</td><td rowspan="7">政治部宣传处</td><td>李　俭</td><td>1972.05−1973.08</td><td>胡天增、韩金根协助</td></tr>
<tr><td>胡天增</td><td>1973.08−1974.04</td><td></td></tr>
<tr><td>韩金根</td><td>1974.05−1976.11</td><td></td></tr>
<tr><td>张　鹤</td><td>1976.11−1978.03</td><td></td></tr>
<tr><td>薛　兵</td><td>1978.03−1978.07</td><td></td></tr>
<tr><td>姜道卿</td><td>1978.07−1981.03</td><td>姜道卿任副馆长，主持工作。1980 年 4 月，刘春萱任副馆长</td></tr>
<tr><td>李晓郎</td><td>1981.03−1987.06</td><td>刘春萱为副馆长。1986 年 6 月，增补殷鹤仙为副馆长</td></tr>
<tr><td rowspan="3">1987.06−2000.10</td><td rowspan="3">黄河博物馆</td><td>政治部宣传处</td><td>李晓郎</td><td>1987.06−1988.01</td><td>刘春萱、殷鹤仙为副馆长</td></tr>
<tr><td>宣传出版中心</td><td>殷鹤仙</td><td>1988.01−1992.12</td><td>刘春萱为副馆长。1990 年 12 月，增补邢梅荣任副馆长</td></tr>
<tr><td>黄委办公室</td><td>殷鹤仙</td><td>1993.01−2000.10</td><td>1999 年 5 月隶属新闻宣传出版中心</td></tr>
<tr><td>2000.10 至今</td><td>黄河博物馆</td><td>新闻宣传出版中心</td><td>王建平</td><td>2000 年 10 月至今</td><td>2000 年 10 月，王建平任副馆长主持工作，11 月，赵斌任副馆长。2002 年 6 月，王建平任馆长，赵斌任副馆长。2009 年 12 月，张怀记任副馆长</td></tr>
</table>

地理位置图

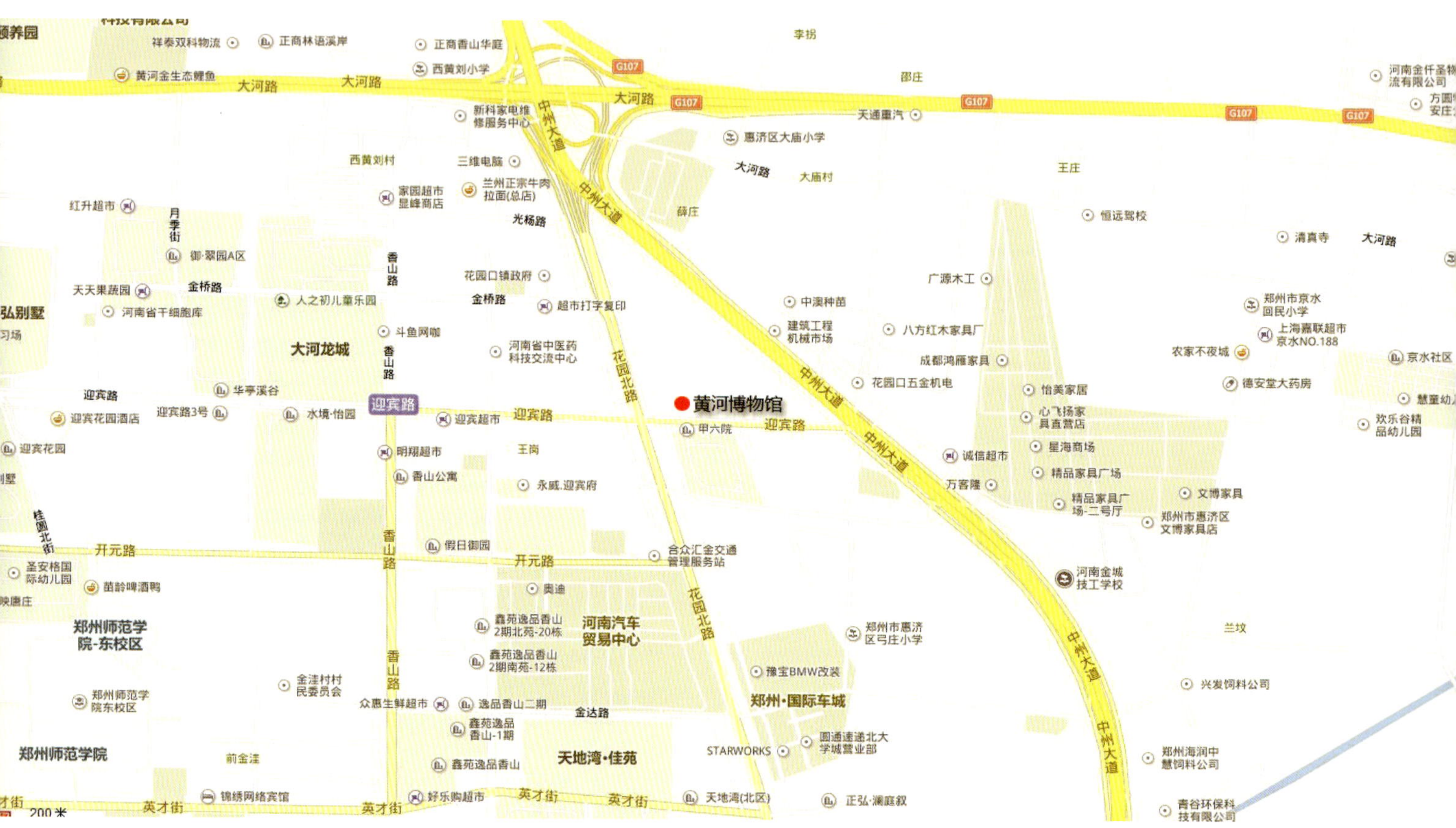

交通线路： 公交 263 路、32 路、270 路、游 6 路、游 7 路到花园路迎宾路站下车即到，地铁 2 号线金达路站转公交 32 路、270 路、游 7 路到花园路迎宾路站下车即到

地　　址： 郑州市迎宾路 402 号

邮　　编： 450045

服务电话： 0371−69556704　　69556715

网　　址： www.yellowrivermuseum.com 或黄河博物馆 .com

馆区示意图

N
0 5m 25m 50m 100m
河观
停车
环路
博物馆次入口
黄河博物馆
碑廊
环路
水体
绿地
水体
环路
黄河博物馆
水体
绿地
停车
博物馆主入口
水车
大禹广场
绿地
水体
水车
停车
城市绿化带
城市绿化带
主入口
迎宾路

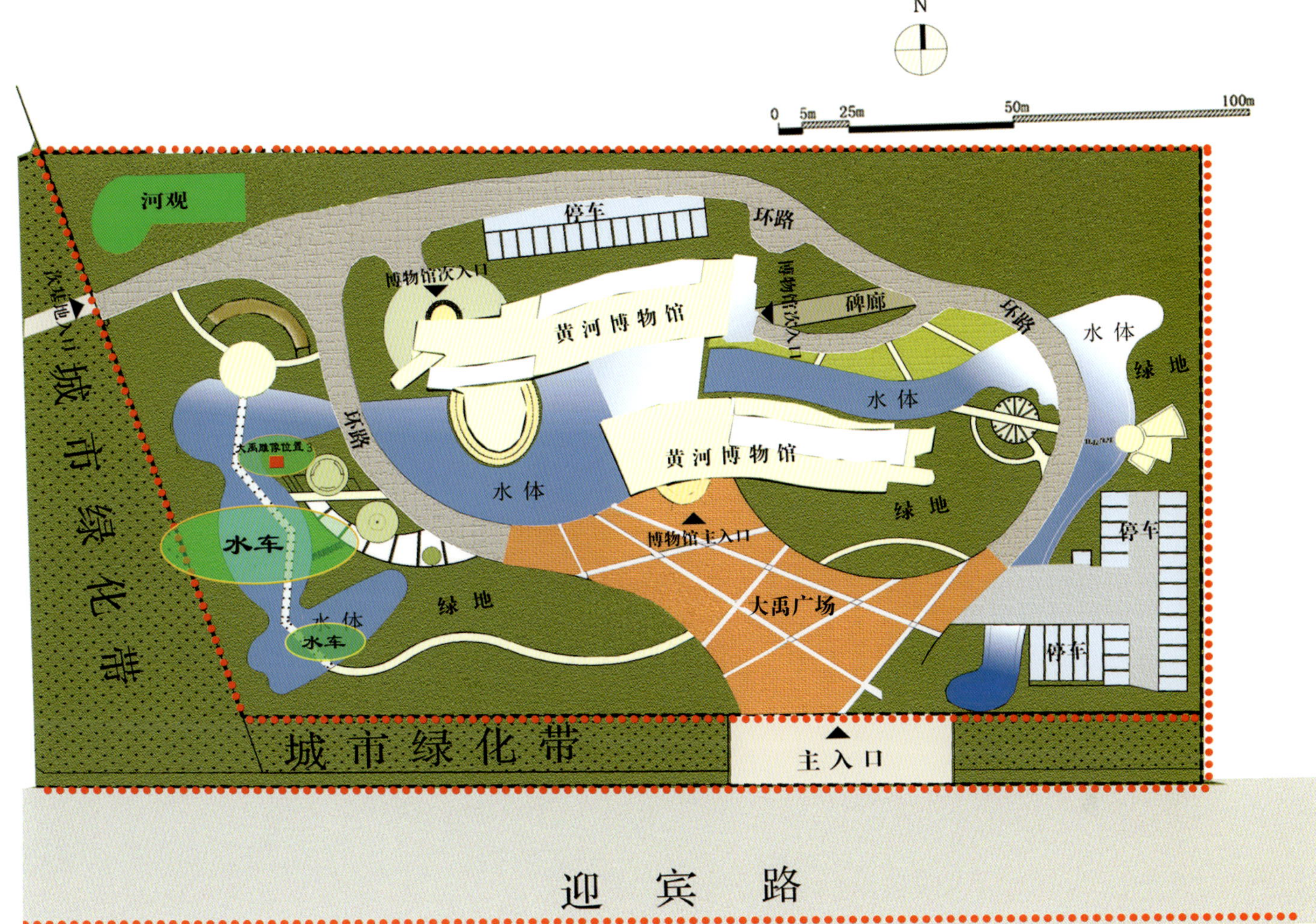

参观导览图

一层展区导览图

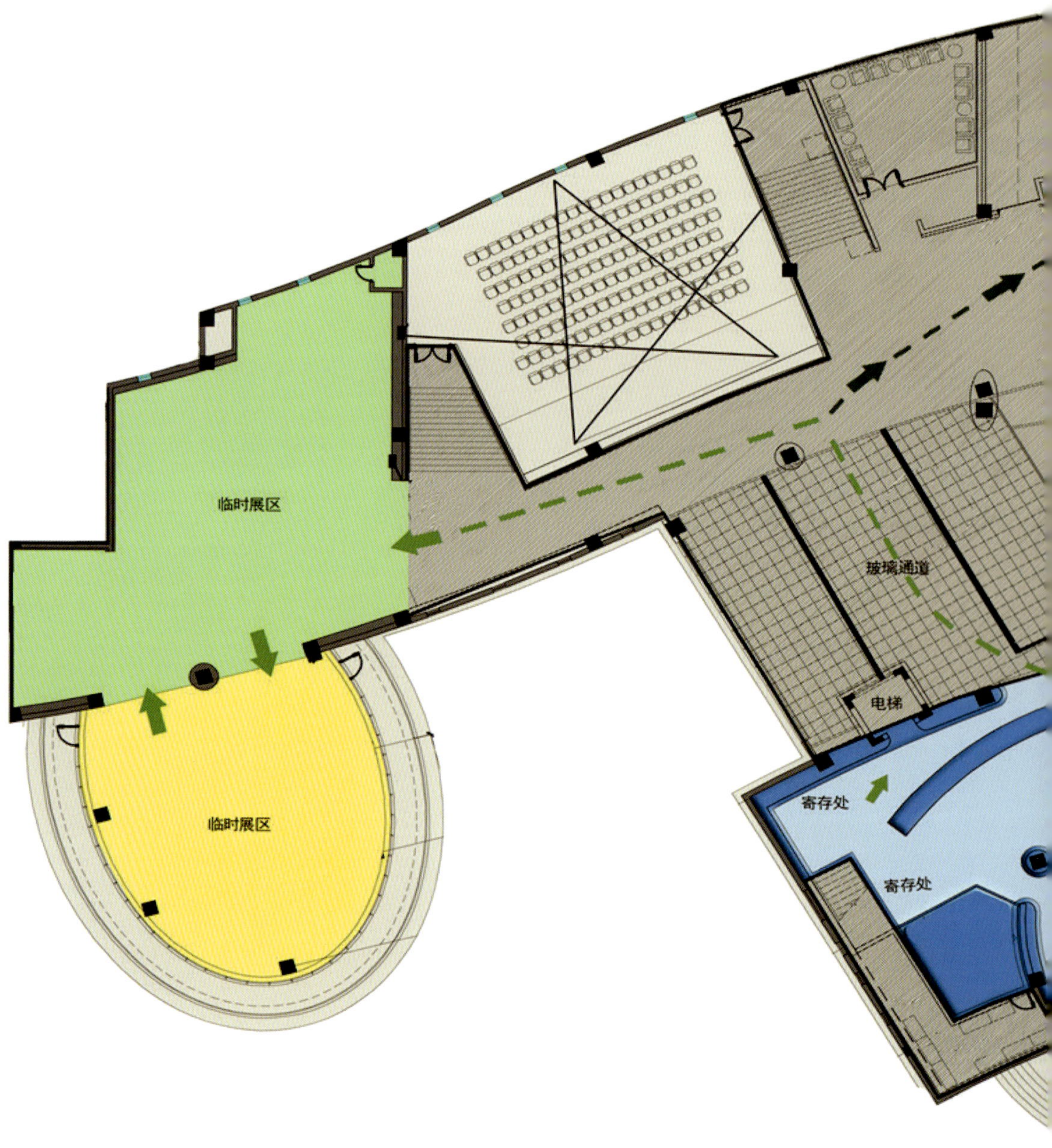

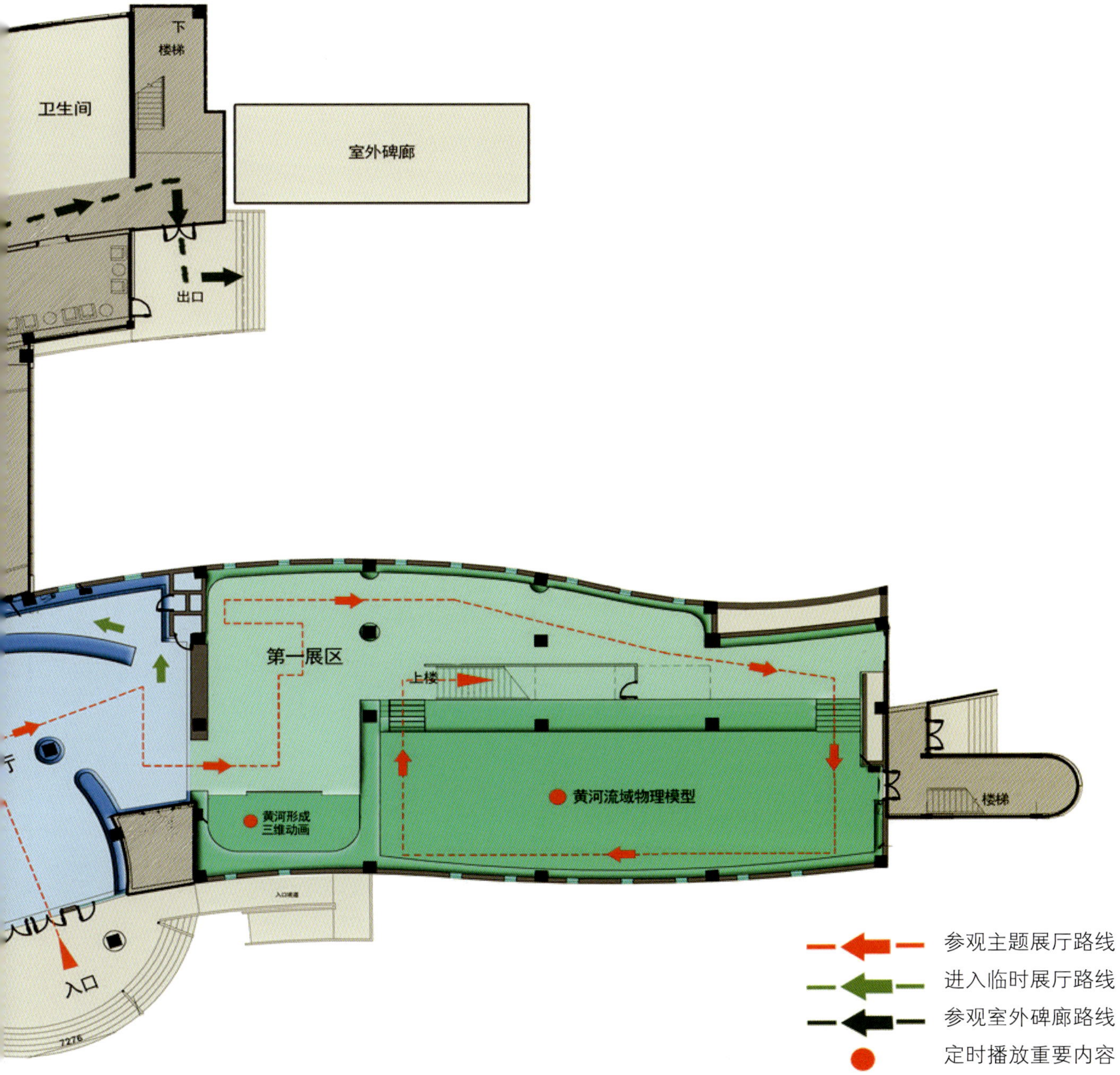

下
楼梯
卫生间
室外碑廊
出口
第一展区
上楼
黄河流域物理模型
黄河形成
三维动画
楼梯
入口

参观主题展厅路线
进入临时展厅路线
参观室外碑廊路线
定时播放重要内容

二层展区导览图

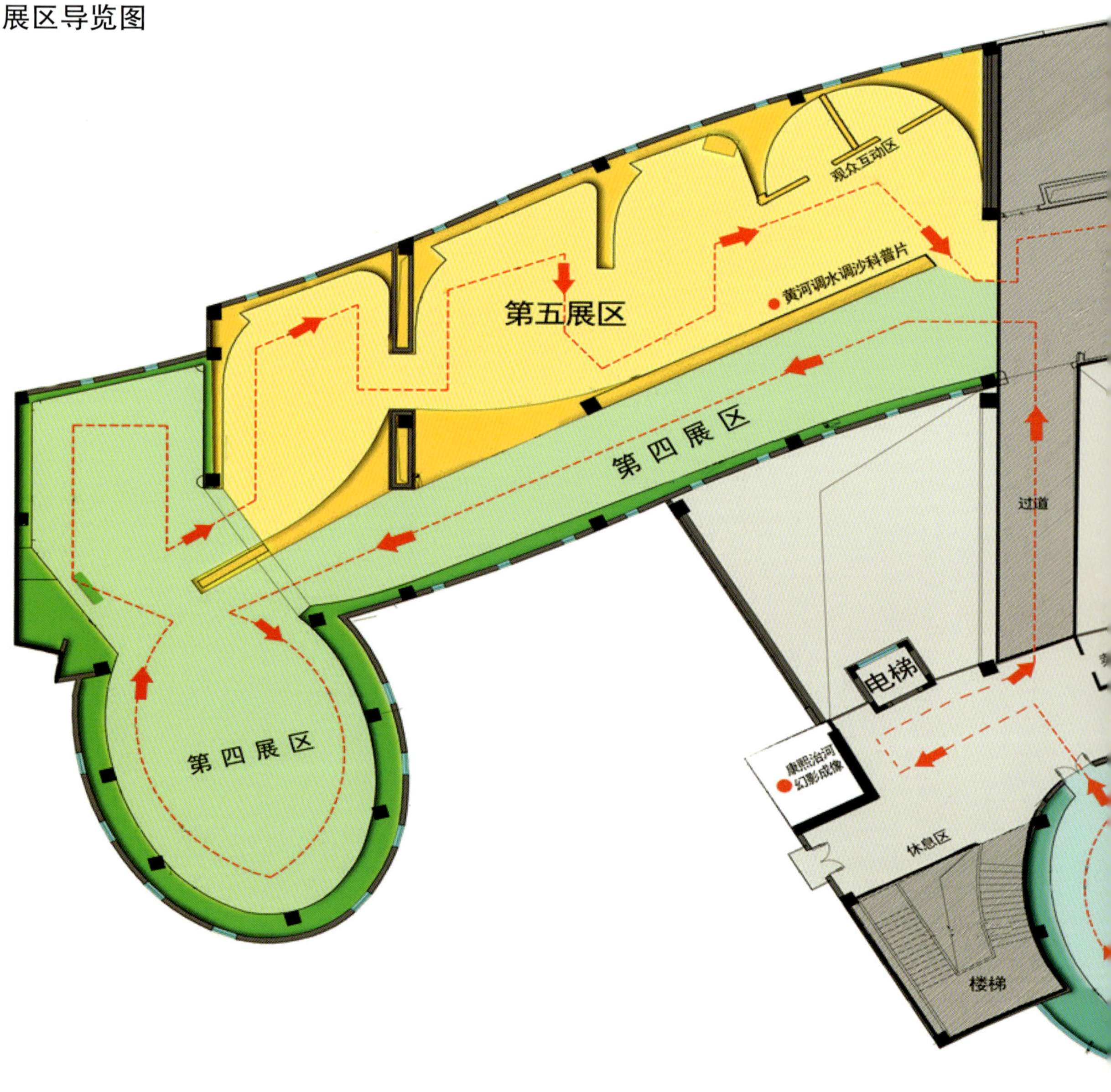

观众互动区
第五展区
黄河调水调沙科普片
第四展区
过道
电梯
康熙治河
幻影成像
休息区
楼梯
第四展区

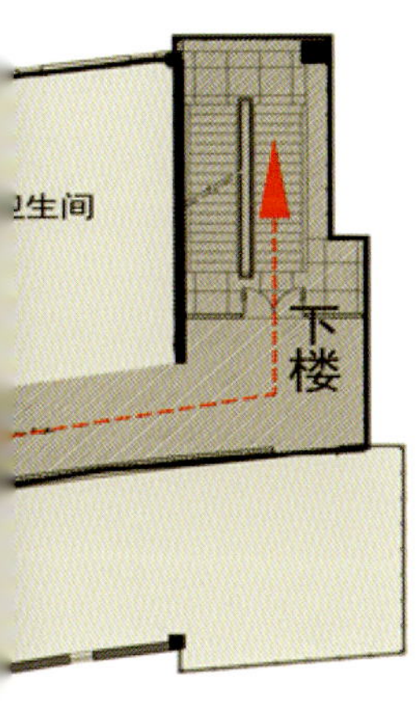

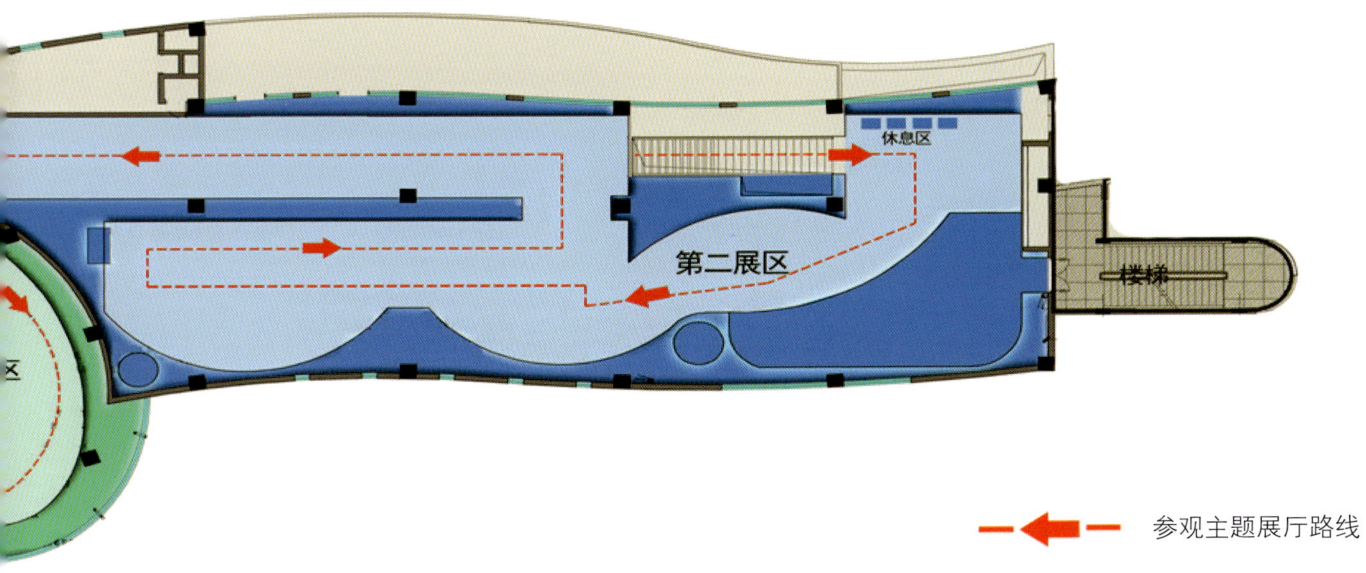

参观主题展厅路线

黄河巨龙舞春秋　治水文化青史留

——写在黄河博物馆建馆65周年之际

王建平

2019年9月17日，中共中央总书记、国家主席、中央军委主席习近平专程到黄河博物馆考察调研并在郑州主持黄河流域生态保护与高质量发展座谈会，这是黄河人也是黄河博物馆的崇高荣誉。记得总书记临离开黄河博物馆跟我们的讲解员道别时说道：谢谢你啊，讲得很好，我又补充了很多知识。一些媒体记者事后采访我：总书记是怎么评价黄河博物馆？实际上总书记对讲解员说的话就是对博物馆最高的评价，这也是黄河博物馆今后努力的方向，更是鞭策鼓励我们扎实做好各项业务工作的源源动力。

2015年，在博物馆建馆60年之际，我们收集有关资料，编撰了《黄河博物馆概览》一书，社会反响良好。最近几年，黄河博物馆在展览提升、文物征集、社教活动等方面都做了大量工作，举办了很多活动，黄河文化事业蓬勃发展，黄河水利委员会（以下简称黄委）新闻宣传出版中心主任张松明确提出，非常有必要增加内容，重编《黄河博物馆概览》，让更多的社会民众了解博物馆、了解黄河文化。

黄河博物馆至今走过65个年头。65年，它从一个誉满京华的临时展览，到创建一座治黄陈列馆；从一个默默无闻的水利小馆，嬗变到如今行业博物馆的鲜艳奇葩，被誉为“黄河巨龙的缩影”，这就是黄河博物馆。它从起始的治黄展览会到治黄陈列馆，从黄河展览馆再到黄河博物馆，历经65载风雨历程，随着治黄事业的发展而发展，从单一的展览功能发展到现在集文物收藏、陈列宣传、科学研究、休闲娱乐为一体的现代博物馆，成为黄委宣传黄河的重要窗口，成为社会了解黄河文化、治水历史的重要信息平台。

时光如水，岁月如歌，历史镌刻下我们曾经的荣光。1954年底，国家完成《治理黄河规划》，黄委成立的治黄展览会于1955年4月17日在郑州举办“治理黄河展览”，标志着以实物展览形式宣传人民治黄的开始，这一天也成为黄河博物馆建馆纪念日。当年7月，为配合全国人大一届二次会议审议《治理黄河规划》，黄委在北京中南海怀仁堂举办"治理黄河展览"，向参会代表宣传黄河及治黄规划，毛泽东、刘少奇、朱德等党和国家领导人以及参加会议的人大代表参观了展览，至今，黄河博物馆还保存着部分领导人参观展览的照片。按照中央办公厅的指示，调整充实展览后，当年10月3日，改由水利部、文化部联合主办的"治理黄河展览"在故宫东华门传心殿对社会展出，展期预计两个半月，但观众参观踊跃，反响强烈，展览又延长两个半月的时间，其影响在当时北京展览史上仅次于"苏联社会主义建设成就展览"。展览随后又在天津、黄河流域省区巡回展出，所到之处，人如潮涌，盛况空前。从1955年10月3日至1957年5月20日，展览历时1年零8个月，接待观众129万人次，其中包括来自40多个国家的5000多名外宾，归国不久的著名科学家钱学森偕夫人也参观了展览。这次巡展堪称治黄宣传史上的一次壮举，为促进治黄和我国水利事业的发展做出了重要贡献。20世纪七八十年代，黄河博物馆是黄河流域省区开放较早、接待人数最多的先进外事单位之一，年均接待外宾3000多人次。著名英籍华人作家韩素音女士曾三次到馆，每次参观她都兴致勃勃，赞不绝口。建馆65年来，黄河博物馆举办过几十个各类临时展览，接待国内外观众数百万人次，发挥了巨大的社会效益。20世纪80年代末，由黄河博物馆提供资料并协助台湾《大地地理》杂志社举办的"黄河 黄土 黄种人"展览在台北市大地艺术中心展出，展览风格别致、雅俗共赏，在台湾岛引起轰动，在观众强烈要求下，展览又移至台湾省立博物馆再度展出。现在黄委创办的社科类刊物《黄河 黄土 黄种人》名称即源于此展。1989年至2006年，在国家和水利部组织举办的历届"国际水利技术装备展览会""中国水利博览会"等大展中，黄河博物馆作为黄河展区的主要设计单位、组织单位参加展览，多次获得"最佳设计奖""最佳创意奖"和"优秀组织奖"，为黄委赢得了荣誉，党和国家领导人朱镕基、温家宝、布赫、姜春云等都参观过黄河展览。1991

年以来，黄河博物馆被团中央、水利部、河南省、黄委、郑州市等单位命名为“中国青年科技创新教育基地”“国家水情教育基地”“河南省直机关主题党日活动基地”“全国中小学研学实践教育基地”“焦裕禄干部学院定点教学点”“爱国主义教育基地”“大中小学生德育基地”“科普教育基地”“青少年社会实践基地”等20多个各类基地。2012年9月27日，占地40亩的新馆建成并对社会开放，观众参观人数逐年上升，国内外影响进一步扩大，黄河博物馆已成为水利科普、防汛宣传、入职培训、大中小学生学习、课外实践和生态环保教育、爱国主义教育的示范基地。

回顾65年的历程，黄河博物馆的展览见证了党和国家对治黄事业的高度重视，毛泽东主席第一次离京巡视就来到黄河，并发出“要把黄河的事情办好”的伟大号召，历任国家领导人都曾亲临黄河视察工作。我们也深切体会到水利部和黄委对治黄宣传事业的关注之切、寄望之深。20世纪50年代国家经济还十分困难，当“治理黄河展览”还在巡展的路上，黄委老一辈领导人、被誉为“现代大禹”的王化云主任高瞻远瞩，在郑州筹地建设馆舍，1957年6月落成，成为水利系统最早建立的博物馆，也是郑州市颇具时代特色的标志性建筑之一。晚年的王化云主任谈到黄河博物馆在郑州安家时还深情自豪地说：“博物馆是我干的为数不多的四件大事之一。”随着治黄和博物馆事业的发展，20世纪90年代初，黄河博物馆就提出了《重建黄河博物馆方案》，从1995年开始，重建工作即被列入黄委党组重要议程，黄委历任主任亢崇仁、綦连安、鄂竟平都对博物馆建设提出明确要求。2001年11月2日，时任黄委主任李国英专程到博物馆专题调研时强调：要抓紧做好黄河博物馆重建的各项前期工作。新馆建设期间，黄委党组多次专题研究博物馆建设工作，要求“全力把黄河博物馆打造成一项精品文化工程”。2010年5月，李国英主任又带领新闻宣传出版中心和博物馆的同志专程到北京向国家文物局领导汇报新馆建设工作，协调文物事宜。他到水利部工作后，还数次向博物馆转交了新馆急需的展品。水利部原部长汪恕诚多次过问新馆建设情况并听取汇报，他还从现代治河、人与自然和谐相处的理念剖析黄河博物馆如何定位和主题展示。2014年2月13日，时任黄委主任陈小江在新闻宣传出版中心调研时谈到博物馆工作时说：博物馆年均观众要达到10万人，要有这样的雄心壮志，通过这样一个窗口来介绍黄河、宣传黄河，传播黄河的声音，使人们加深了解对黄河的认识，进而支持黄河、关心黄河。以岳中明同志为书记的新一届黄委党组，关心支持博物馆文化事业，黄委领导多次亲临博物馆指导工作，协调解决博物馆实际困难。2016年6月29日，黄委又在黄河博物馆挂牌成立了“黄河文化研究与交流中心”，为保护传承弘扬黄河文化，提供了更广阔的阵地。博物馆建设还得到国家和地方政府的大力支持，国务院总理、时任河南省委书记李克强，全国政协副主席、原文化部部长孙家正，故宫博物院院长、原国家文物局局长单霁翔，时任郑州市委书记李克、市长王文超等国家省市领导人都曾视察黄河博物馆建设工地，并给予指导。追思往事，心绪难平，我们承担的是沉甸甸的责任和崇高的使命，同时，也感到无限温暖和振奋。

65年，不过是人类历史的过往一撇，长河一浪，但对于当今却是几代人薪火相传的艰难历程，我们对黄河博物馆建设这条漫长道路上所有的创业者、关心者、捐赠者心怀感激，充满敬佩。黄委一大批让令人肃然起敬的专家、学者为博物馆默默耕耘，老一代博物馆工作者在这里执着奉献，事业在他们手中开创并逐渐壮大。我们不会忘记：无论是主管黄河博物馆的黄委宣传处的老领导岳崇诚、赵保合，还是新闻宣传出版中心主任朱兰琴、骆向新、李肖强、张松，乃至博物馆老领导胡天增、韩金根、李晓郎、殷鹤仙、刘春萱、邢美荣、赵斌等，他们无论在任上，还是在其他地方工作，即便是退休后，也还是一如既往地关注博物馆，关心、支持黄河博物馆事业不断发展，遇到对博物馆有利的事也总是义无反顾地做。就如退休后被黄委返聘的殷鹤仙、刘春萱同志，在请中国军事博物馆雕塑设计大师程允贤先生为黄委机关大院设计制作王化云雕塑时，“私下做主”为博物馆按比例多做了一小尊雕塑用于陈列，这样的“私”，是为了博物馆的“公”，这样的“小”撑起了博物馆的“大”。著名治河专家徐福龄先生，早在20世纪70年代初就参与了博物馆陈列内容设计，多年来，热心支持博物馆工作，关心博物馆建设，积极参与黄河文物征集、信息咨询、故道查勘等项目，是博物馆当之无愧的“幕后顾问”，当他看到新馆开馆的消息，不顾百岁高龄，行动不便，很快就来到新馆参观，并留下了“黄河一览”的题词，我们知道，这是对黄河博物馆的鼓励和殷切期望。博物馆藏品需要积累，更需要社会爱心人士的鼎力相助，我们永远铭记为博物馆做出贡献的人士，他们是：著名画家汤清海先生，向博物馆无偿捐赠了自己创作的百米黄河长卷《华夏黄河图》；被誉为“河南省高浮雕传承第一人”的李仁清先生，将126件文物浮雕拓片无偿捐赠给博物馆；水利部原副部长张含英女儿张云彦女士，她代表家属将张老珍贵的治黄手稿、印章、奖章、读书笔记、录像带、历史图片、国务院原总理李鹏的题词、水利图书等物品全部交由博物馆收藏；武汉郑立国先生，将自己创作的《黄河万里行图》无偿捐赠给博物馆；黄河设计公司著名水文专家王国安先生，将235块珍贵的黄河奇石无偿捐赠给博物馆；治黄专家史辅成先生，通过他的协调，将黄河设计公司档案馆一批珍贵的黄河碑刻拓片资料、小浪底古洪水沉积物沙样标本以及史先生自己从20世纪50年代以来收集珍藏的有关黄河历史洪水图片、奏折、文献等一套完整资料转赠黄河博物馆收藏；黄委职工侯玉忠无偿捐赠24件文物，包括新石器时代石器、瓷器、铜器、鎏金器等；王庆伟将自己收藏的一批青藏高原地区珍贵动物标本及藏族日常礼佛法器及其他文物捐赠给博物馆。大河上下，黄委基层单位这样的事例还有很多，他们无私的品德、高尚的人格令天地动容，日月生辉，是他们撑起了博物馆发展的一片蓝天，夯实了博物馆坚实的基业。

习近平总书记2016年11月10日在致国际博物馆高级别论坛的贺信中说：“博物馆是保护和传承人类文明的重要殿堂，是连接过去、现在和未来的桥梁，在促进世界文明交流互鉴方面具有特殊作用……中国各类博物馆不仅是中国历史的保存者和记录者，也是当代中国人民为实现中华民族伟大复兴的中国梦而奋斗的见证者和参与者。”博物馆事业需要一代代甘心寂寞、潜心钻研、无私奉献的同人去努力，去创业！欣慰的是，65年来黄河博物馆传下了一个良好的工作作风，那就是坚守、团结、拼搏、干事、创业，为了完成工作，大家加班加点不计报酬，再苦再累也毫无怨言。为筹备一个精彩展览殚精竭虑，为征集一件有价值的文物奔波数千里，为圆满完成每一次重要接待精心准备，为做好博物馆新馆建设秉烛熬夜，孜孜以求而不弃，长此以往永不悔。2003年7月，馆里几名同志顶着炎炎烈日到河南渑池征集1843年黄河历史上最大洪水刻记碑，忙到傍晚才找到，大家轮流扛着石刻，汗流浃背，出了沟口，已是农家灯上，回到县城，已经是夜里11点多钟，看着这么重要的收获，大家心里仍是喜滋滋的。从1991年开始，社教部就已经施行周日、节假日上班制，博物馆实现全天候开放。2007年，响应郑州市教育局的号召，免费对青少年开放。2008年，对全社会免费开放。很多时候，只要有预约参观团队，讲解的同志再晚也要等，再早也要来。黄河博物馆新馆建设期间，各项工作任务非常繁重，建筑设计方案征集、审查，陈列内容、讲解词编写，文物标本征集，图片筛选，组织新馆装修、配套设施建设等，全体职工牺牲了很多很多，就是为了一个目标：把黄河博物馆建设好，争取早日对社会开放。在布置新馆陈列的时候，为了避免文物标本受损，职工自己动手搬运，大家喊着号子，将沉重的木船、胡杨树抬到二楼展览位置，那真是一道亮丽动人的风景线。

黄河博物馆新馆已经建成对外开放，我们将坚持“宣传黄河，服务社会”的理念，坚持把社会效益放在首位，充分发挥黄河博物馆特有的收藏、研究、教育和宣传功能，更加自觉地深入贯彻落实“习近平生态文明思想”和“节水优先，空间均衡，系统治理，两手发力”治水总思路，围绕“水利工程补短板，水利行业强监管”水利改革发展总基调，积极践行“维护黄河健康生命，促进流域人水和谐”治河新理念，推动黄河流域高质量发展，让黄河成为造福人民的幸福河！努力把黄河博物馆建设成为具有丰富馆藏和鲜明黄河特色并在国内外有广泛影响的现代化水利博物馆，真正使黄河博物馆成为弘扬黄河历史文化、传播水利科学知识、展示人民治黄成就、引导人们树立生态环保和防洪抗灾意识的重要场所，这是我们长久追求的目标。

忆往昔，风雨沧桑，岁月峥嵘，我们愿做博物馆事业的守望者、行道者、传播者。雄关漫道真如铁，而今迈步从头越。65年已经过去，未来更是一条全新的大道，充满着不可预知的机遇和挑战，我们将矢志不移，跨越艰辛，与时俱进，开拓创新，再造辉煌。

图书在版编目（CIP）数据

黄河博物馆概览 / 黄河博物馆编. — 郑州：黄河水利出版社，2020. 6

ISBN 978 - 7 - 5509- 2684 - 4

Ⅰ. ①黄… Ⅱ. ①黄… Ⅲ. ① 黄河–博物馆–概况 Ⅳ. ①K928.42–282.04

中国版本图书馆CIP数据核字（2020）第092635号

出 版 社：黄河水利出版社

地址：河南省郑州市顺河路黄委会综合楼14层 邮编：450003

发行单位：黄河水利出版社

发行部电话：0371 - 66026940、66020550、66028024、66022620（传真）

E-mail：hhslcbs@126.com

承印单位：河南匠心印刷有限公司

开本：880 mm × 1 230 mm 1 / 16

印张：16.5

字数：290 千字 印数：1—3 000

版次：2020 年 6 月第 1 版 印次：2020 年 6 月第 1 次印刷

定价：198.00 元